BRUCKMANNS LÄNDERPORTRÄTS

MALTA

»Aber Malta war seit Hunderten,
seit Tausenden von Jahren Jedermannsland.
Nun ist es unser Land; das müssen wir beweisen.
Wir müssen selbst stark sein.«

Nicholas Monsarrat

BRUCKMANNS
LÄNDERPORTRÄTS

MALTA

Ernst Wrba
Paul Otto Schulz

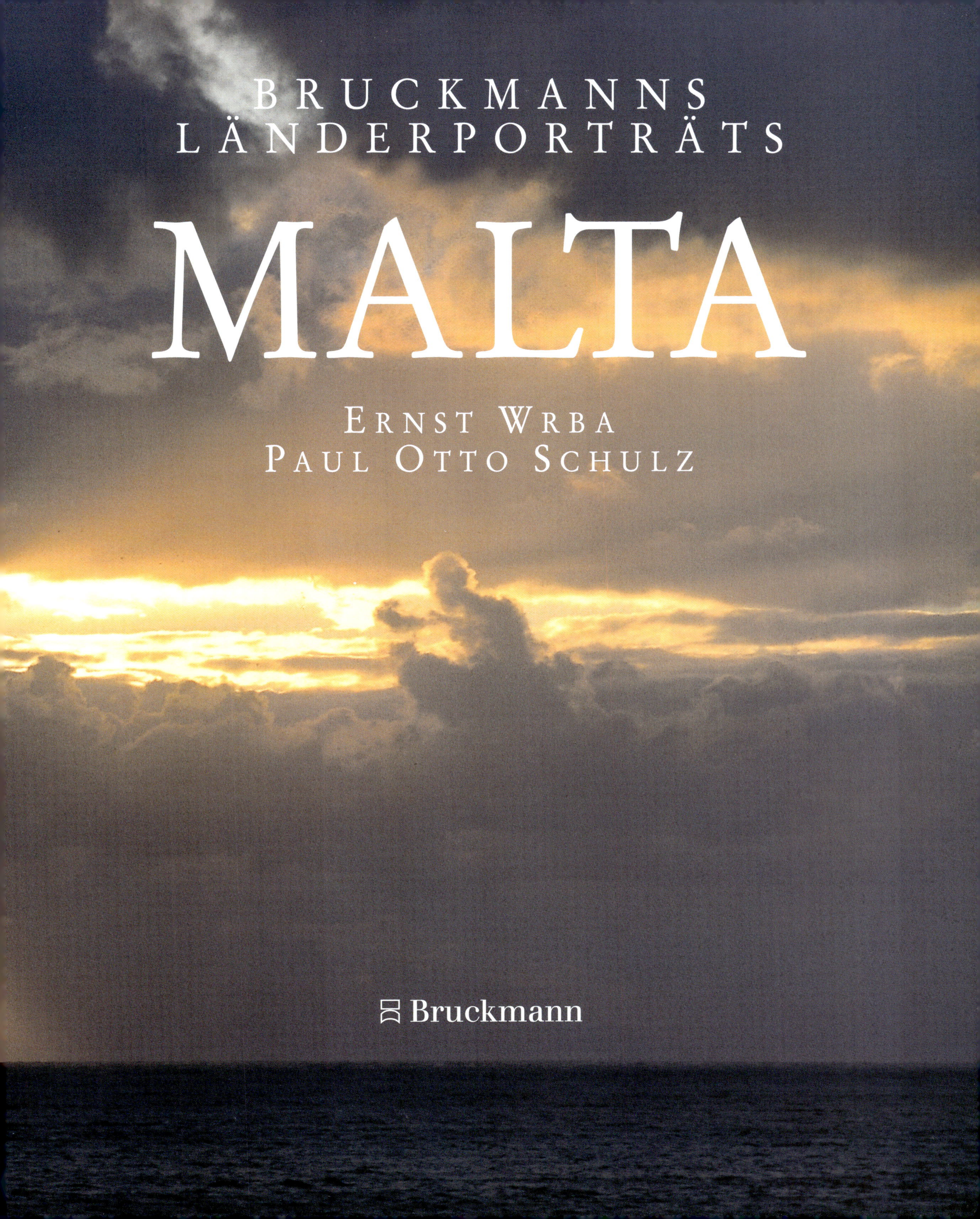

Bruckmann

Inhalt

Römisch-antik: »Salzpfannen« an der Küste von Gozo (Qbajjar Bay).

Stille Stadt: Mdina, im Zentrum der Insel Malta.

Britisches Erbe: Auf Gozo.

Hausputz: In Marsaxlokk (Malta).

Helios begibt sich zur Ruh' (Malta).

An den meisten maltesischen Booten findet man am Bug ein aufgemaltes Augenpaar, das die Fischer vor dem bösen Blick des Teufels beschützen soll.

Kaleidoskop

Wer nach Malta reist, erlebt nicht nur sonnige Tage auf einer Insel mit Badevergnügen in klaren Gewässern. Urtümliche Landschaften bieten neben wüstenartigen Regionen grüne Landstriche, wo Palmen im Wind rascheln. Über der Insel liegt ein Hauch allgegenwärtiger Geschichte: Megalithische Tempel zeugen vom Kult einer rätselhaften Kultur; Punier, Römer, Araber, Normannen, Franzosen und Spanier hinterließen ebenfalls ihre Spuren – die »Città Notabile Mdina« kündet von ihnen. Der stolze Johanniterorden, der Malta zum Schild gegen den Islam erhoben hat, hinterließ als imposantestes Zeugnis eine ganze Stadt: Valletta mit Bastionen, Palästen, der Ordenskathedrale und einem grandiosen Hafen.

Linksverkehr, britische Oldtimer und Englisch als zweite Amtssprache neben Malti: Allgegenwärtig ist auf Malta das Erbe der Briten, die hier in den Jahren 1802 bis 1964 regierten.

Architektonisches Kleinod und kulturhistorisches Juwel: Auf der höchsten Erhebung im Landesinnern thront Mdina, die »Citta Notabile«.

Im Steinbruch bei Mqabba, nahe dem internationalen Flughafen gelegen, wird der Kalkstein zu Baumaterial zurechtgeschnitten.

Blick über den Hafen von Msida
in der Abenddämmerung.

Seitenstraßenidylle in Mdina, der einstigen Kapitale von Malta.

An der Westküste von Gozo, in der Dwejra Bay, steht der »Fungus Rock« – ein etwa zwanzig Meter hoher Felsen, auf dem eine in Europa ausschließlich dort vorkommende Pflanze wächst, der sogenannte »Malteserschwamm« (*Cynomorium coccineum*).

Im Zentrum von Maltas Nachbarinsel Gozo liegt Victoria (rechts im Bild der Eingang zur Kathedrale).

Sonneninsel der Mythen und Legenden

Malta gleich Malteser? Natürlich assoziiert man mit dem Namen der Inselbewohner sofort die Malteserritter, den Malteser Rettungsdienst mit dem achteckigen Kreuz als Symbol, den gleichnamigen Aquavit oder gar den »Malteser Falken«, den bekannten Roman von Dashiell Hammett. Doch der Maltesische Archipel ist viel komplexer und steht auch für Mythen und Legenden. Auf den Inseln sollen zwei berühmte Männer als Schiffbrüchige an Land gegangen sein: ein Held und ein Heiliger. Odysseus war sieben Jahre lang Gast und Liebhaber der Nymphe Kalypso auf der Nachbarinsel Gozo, bis es ihn weiter zog, heim nach Ithaka, heim zur Gattin Penelope – obwohl ihn die Göttertochter mit dem Dankgeschenk der Unsterblichkeit an sich binden wollte. Noch immer gefällt sich die maltesische Republik darin, das »Ogygia«, der »Nabel des Meeres« von Homers »Odyssee« zu sein, und die Liebespaare auf Gozo pilgern vom Strand hinauf zur Kalypso-Grotte.

Mit Malta wird auch der Apostel Paulus in Verbindung gebracht: Er soll hier einen Winter lang gelebt haben. Obwohl es heute unter Forschern als umstritten gilt, daß Paulus wirklich auf Malta und nicht auf einer anderen Insel gestrandet ist, reklamieren die Malteser, Paulus hätte hier Kranke geheilt sowie den römischen Gouverneur und die ersten Malteser zum christlichen Glauben bekehrt, bis ihn ein Schiff mit Kurs auf Rom mitnahm. Der heilige Paulus wurde zum Inselpatron erkoren.

Kultur und Kulturen

Malta, der Felsen im Zentrum des Mittelmeeres, ist mit Geschichte und Geschichten überlagert wie Sedimentgestein mit Kalkablagerungen. Der Archipel erlebte zwei Hochphasen: eine Megalithkultur, in der die Tempel der Großen Mutter entstanden, die älter sind als die Pyramiden der Pharaonen, sowie während des 16. Jahrhunderts die Blütezeit des Johanniterordens, der im dramatischen Überlebenskampf Westeuropa gegen den Vormarsch des Islam verteidigte. Die Johanniterritter oder Malteser, wie sie auch genannt wurden, machten die Insel zu einem Staat christlich-ritterlicher Tugend und Kriegsführung, aber auch der Künste und der barocken Prachtentfaltung.

Malta, seit alters immer wieder umkämpft, wurde darüber hinaus ein Symbol der Selbstbehauptung. Den moralischen Niedergang des Ritterordens nutzte Napoleon, um die Inseln im Handstreich zu nehmen. Ihn wiederum vertrieben Malteser und Briten, die gemeinsam im Zweiten Weltkrieg dem Zugriff Mussolinis und Hitlers widerstanden.

Die heutige Republik Malta ist ein Urlaubsparadies. Segler schwärmen von den guten Winden und Häfen, Wassersportler lieben die glasklaren Gewässer, Sonnenanbeter die afrikanische Sonne, und Italienliebhaber rechnen Malta kulinarisch schon fast zu Italien. Dennoch – Malta ist unverwechselbar Malta.

In der südeuropäischen, seit 1964 unabhängigen Inselrepublik leben 361 000 Malteser auf einer Fläche von 315,6 Quadratkilometern. Die Stützen der Nationalökonomie bilden die Industrie mit 41 Prozent und der Dienstleistungssektor mit 56 Prozent; die das Land so prägende Agrarwirtschaft sank mit drei Prozent faktisch in die Bedeutungslosigkeit ab.

Doch statistisch errechnete Zahlen beleuchten nur die eine Seite einer Medaille. Der republikanische Zwergstaat, der nicht einmal so groß ist wie der hanseatische Stadtstaat Bremen, besitzt eine unverwechselbare individuelle Kultur, die aus einem Konglomerat kulturgeschichtlicher Elemente fremder Völker hervorgegangen ist. Dazu gehört eine spezifische Sprache, die für Fremde nahezu unaussprechlich ist. Sie belegt einerseits die Herkunft von den Küsten des Heiligen Landes, andererseits die kulturellen Überlagerungen durch die Phönizier. Latein und besonders Arabisch hatten einen nachhaltigen Einfluß auf Malti, wie die Sprache der maltesischen Bevölkerung genannt wird.

Spanien, dessen Herrscher via Sizilien Malta regierten, fügten der Kulturgeschichte Maltas ebenfalls charakteristische Elemente hinzu, und der Heilige Stuhl gewann ein Mitspracherecht bei den internen Belangen der Inseln, das selbst die Lebensführung ihrer Bewohner beeinflußte. Rom initiierte auch die Epoche des Barock, die das feudale und klerikale Antlitz Maltas prägt. Die Briten importierten ihren

ECCLESIAM·HANC·COLLEGIATAM·ADELAIDA·REGINA·GRATO·ANIMO·DICAVI
L-2597 M

DAS BRITISCHE ERBE

Bereits auf der Fahrt mit dem Taxi vom Flughafen zum Hotel fällt es dem Reisenden auf: Hier herrscht Linksverkehr, wie in England. Und der Fahrer wird mit maltesischen Pounds bezahlt. Die Briten waren von 1802 bis 1964 die Herren auf dem Archipel, ihre letzten Truppen fuhren erst 1979 nach Hause. Da blieb manches »Andenken« zurück. So ziert die Fahne der Republik Malta das George Cross im Obereck: König George VI. verlieh es der maltesischen Bevölkerung für ihren Heldenmut, den sie im Zweiten Weltkrieg gezeigt hatte. Auf diese royalistische Tapferkeitsauszeichnung sind auch die freiheitsliebenden Malteser sehr stolz. Wichtiger mag dem Besucher sein, daß Englisch eine der beiden Landessprachen ist, wenn auch nur die zweite. Wollte man sich auf Malti, der ersten Amtssprache, verständigen, würde auch ein längerer Intensivkurs nicht genügen. Alle Amts- und Berufsbezeichnungen entstammen nicht nur dem Englischen, sondern künden auch von englischen inneren Strukturen; das reicht bis hin zu den öffentlichen Organisationen und Einrichtungen sowohl in der Politik und Armee als auch im Rechts-, Erziehungs- und Gesundheitswesen, der Kultur und vor allem in der international ausgerichteten Wirtschaft. Im Straßenbild wird neben dem Linksverkehr die »Anglisierung« durch die Aufmerksamkeit erregenden Fahrzeuge wie »Police« und »Ambulance« sowie die statuarischen Erscheinungen der roten Telefonzellen (»Telephone«) sichtbar. Auch bei wichtigen kartographischen Bezeichnungen ist Englisch die Sprache Nummer eins. Topographische Namen wie »Dingli Cliffs« bezeugen eine gewisse kulturelle Koexistenz. Daß die Lebensweise des United Kingdom auf den Inselalltag abgefärbt hat, wird am Morgen deutlich, wenn im Hotel beim Frühstück »The Times«, sonntags »The Sunday Times«, ausliegt, die druckfrische unabhängige Malteser Zeitung. Schon beim Durchblättern wird die Vorliebe für Nachrichten aus der Malteser Gesellschaft augenfällig. Hier hallt noch nach, daß es unter der britischen Regierung ebenso interessant wie nützlich sein konnte, sich Kenntnisse über Avancements wie familiäre Veränderungen von Angehörigen der Führungsschicht anzulesen. »Mischehen« (auch bezüglich der Konfession) waren übrigens gar nicht so selten, und der Nachwuchs besuchte nach Möglichkeit englische Schulen und Universitäten. Die Zeitungsfotos zeigen auffallend korrekt gekleidete Festteilnehmer. Doch nur bei der älteren Generation würde man heute sagen »englisch korrekt«, während die Jüngeren sich eher nach dem italienischen Vorbild bis hin zur Alta Moda orientierten. Beim Dinner im Grandhotel ist Vergleichbares zu beobachten, und zum Geschäftstermin trägt der Gentleman das Produkt seines Londoner Schneiders. Vom britischen Tagesablauf ist die »teatime« wohl die liebenswürdigste Errungenschaft. Wer eine Schwäche für »fish and chips« hat, kann ihr hier frönen wie in einem englischen Seebad. Es ist kein Zufall, daß die Malteser gewisse Sportarten mit Leidenschaft betreiben, bei denen auch die Söhne Albions nicht gelassen bleiben, wie Bootsregatten, Pferderennen, Golf und nicht zuletzt Fußball.

eigenen Stil in die Kronkolonie, der vor allem die Oberklasse erfaßte. Doch da der britische Außenposten auch eine führende Nation auf den Gebieten der Wissenschaft, Technik, Industrie und des Handels repräsentierte, fand das fortschrittlich gesinnte städtische Bürgertum rasch Anschluß an die moderne Zeit, während auf dem Land manchmal noch das Spätmittelalter gegenwärtig schien. Dieser »Kulturmix« erhält zur Zeit ein neues Element durch den beliebten Fernsehsender RAI: Der italienische Einfluß ist unübersehbar – und auch nicht zu überhören.

Die Ausprägung des Inselvolkes ist jedoch Resultat einer wechselvollen Geschichte, die auf geheimnisvollen prähistorischen Kulturen basiert und in eine moderne Republik mündete. Seit Beginn der Zeitrechnung erfuhr sie Höhen und Tiefen, Niederlagen und Siege. Zu den wenigen Triumphen zählen die Malteser die Bekehrung zum christlichen Glauben, den nach der Überlieferung der Apostel Paulus ihnen brachte. 98 Prozent des Volkes bekennen sich noch heute zum Katholizismus, der seit nahezu zwei Jahrtausenden sowohl das religiöse als auch das kulturelle und soziale Leben bestimmt. Seit Menschengedenken waren die Malteser politisch überwiegend fremdbestimmt – von jenseits des Meeres, von Italien, Frankreich und Spanien aus. Die adeligen Ritter des Johanniterordens rekrutierten sich aus acht europäischen »Zungen«, wie die Sprachen und Länder des Ordens genannt wurden, einschließlich einer deutschen Sektion. Seit 1964 sind die Malteser unabhängig, seit 1979, als der letzte britische Kommandant an Bord ging, sind sie frei. Als Erbe dieser Trennung fiel Malta eine zweite »Zunge« zu: Englisch wurde zweite Amtssprache und erleichtert die Zugehörigkeit zur europäischen Völkerfamilie wie zum Welthandel.

Die Briten übergaben Malta an die konservative Regierung der Nationalists Party (NP) unter Premierminister George Borg Oliver, die ihrerseits 1971 von der sozialistischen Labour-Regierung unter Dominic Mintoff (MLP) abgelöst wurde. Die Mintoff-Regierung forderte durch ihre Schulpolitik, die Verstaatlichung von Kirchengütern, die Neigung zum damaligen Ostblock und die Annäherung zu Libyens Regierungschef Gaddafi scharfe Kritik heraus. Erst 1987 konnte die NP einen Wahlsieg erringen. Das Ziel ihres Premiers Edward Fenech Adami war eine stärkere Hinwendung zu Europa, der Beitritt zur Europäischen Union und der Einstieg ins NATO-Programm »Partnerschaft für den Frieden«, der 1995 erfolgte. Diese Bemühungen wurden von der Mehrheit der Wähler nicht honoriert, die im Oktober 1996 die Labour-Partei unter Alfred Sant an die Macht brachten. Sant siegte, weil er EU- und NATO-Bindungen verwarf. Malta müsse neutral bleiben, damit es seine kulturelle Identität nicht gefährde, lautete sein Credo. Hingegen kündigte er an, Kontakte zu Nordafrika und in den Nahen Osten zu knüpfen.

Verzierter Altarstein im Tempel von Hagar Quim (ca. 3000 v. Chr.).

Das größte Mysterium der maltesischen Inselgruppe sind die über 30 steinzeitlichen megalithischen Tempel, deren älteste auf das 5. bis 4. Jahrtausend v. Chr. datieren. Die Erbauer waren das ebenfalls geheimnisvolle Volk der Ur-Malteser, das vor 6000 Jahren auf Booten den Archipel erreichte. Spärliche Relikte von Lehmhütten, die Archäologen bei Skorba entdeckten, werden ihm zugeschrieben. Die megalithischen Tempel gehören zu einem verzweigten mediterranen Kult der Großen Muttergöttin oder Urmutter, deren Schoß unaufhörlich Leben und Wiedergeburten schenkt. Lebende wie Tote standen demnach unter dem Schutz der »Magna Mater«. Eine Darstellung von ihr, die kolossale Figur »Dicke Frau«, wurde beispielsweise im Heiligtum von Hal Tarxien bei Valletta als Torso gefunden. Gerade Tarxien mit seiner neun Meter hohen Fassade aus makellosen tonnenschweren Blöcken belegt den Anspruch, die Tempel auf Malta stellten die besten Exemplare der mediterranen Megalith-Architektur dar.

Im Zentrum des Kultes standen auch Riten des Wachstums und der Fruchtbarkeit, wie sie von Völkern bekannt sind, deren Existenz von der Agrarkultur abhängig ist. Ein vergleichbarer matriarchalischer Mythos ist aus der ägäischen Kultur Kretas und Mykenes bekannt. So kann die »maltesische

Spirale«, eine Form, die auf Reliefs häufig zu finden ist, von Mykene stammend, bis in die Tempelanlagen von Spanien und Irland gelangt sein. Eine Besonderheit stellt das Hypogäum von Hal Saflieni in Paola bei Valletta dar: In den unterirdischen Kammern, die in den Kalkboden gemeißelt wurden, behandelten Priesterinnen psychische Leiden mit Hypnose und einer Schlaftherapie, und auch die Orakel, die hier gesprochen wurden, dienten dem Abbau von Ängsten. Um 2500 v. Chr. fand die Hochkultur Maltas plötzlich ihren Niedergang – ein Ende, das bis heute ungeklärt blieb. Auf Besucher üben die Relikte der rätselhaften Zivilisation eine faszinierende Wirkung aus, die aus dem Zusammenklang von Monumentalität und geheimnisvollem Naturglauben, von grandioser Felslandschaft und dem unendlichen Meer im Sonnenglast entsteht.

Die Odyssee des Ordens

Der Ritterorden des heiligen Johannes zu Jerusalem, vom Papst 1113 anerkannt, war der drittälteste der Christenheit. Ursprünglich bestand seine Aufgabe in der Pflege kranker Pilger und Kreuzfahrer im Heiligen Land. Die Ritter führten aber bald selbst das Schwert, ohne jedoch den Krankendienst aufzugeben;

Auf den Spuren der Kreuzritter

Herrlich kleidet sie euch, des Kreuzes
furchtbare Rüstung,
Wenn ihr, Löwen der Schlacht, Akkon und
Rhodus beschützt,
Durch die syrische Wüste den bangen
Pilgrim geleitet,
Und mit der Cherubim Schwert steht vor
dem Heiligen Grab,
Aber ein schönerer Schmuck umgibt euch
die Schürze des Wärters,
Wenn ihr, Löwen der Schlacht, Söhne des
edelsten Stamms,
Dient an des Kranken Bett, dem Lechzenden
Labung bereitet,
Und die niedrige Pflicht christlicher Milde
vollbringt.
Religion des Kreuzes, nur du verknüpftest,
in einem
Kranze, der Demut und Kraft doppelte
Palme zugleich!

Friedrich Schiller

Die Geschichte der Kreuzritter vom Orden des heiligen Johannes von Jerusalem ist in Valletta überall gegenwärtig, denn sie errichteten die großartige Stadt, die Kapitale und Festungsstadt zugleich ist. Zu Valletta gehört auch der Grand Harbour, einer der eindrucksvollsten Häfen der Welt, wo sich einst die mächtige Flotte aus Kriegsgaleeren drängte. Mit ihnen zogen die Ritter auf Kaperfahrt gegen die Kriegs- und Kauffahrteischiffe der Moslems sowie gegen die Raubschiffe der Piraten, um mit Beute und Sklaven wieder einzufahren. Sie navigierten mit großem Geschick und kämpften mit unvergleichlicher Tapferkeit. Schiffe, die sie angriffen, brachten sie auf oder versenkten sie – etwas anderes gab es nicht. Ihre »Karawanen«, wie diese Streifzüge hießen, wirkten sich wie Polizeipatrouillen aus: Sie sicherten große Bereiche des Mittelmeeres für die christliche Seefahrt. Die »Soldaten Christi«, wie die Johanniter genannt wurden, bildeten eine verwegene Eliteeinheit. Sie verband eine eiserne Disziplin, das Gelübde zum Gehorsam, zur Armut und Keuschheit, die Verpflichtung zum Kampf gegen die »Ungläubigen« und nicht zuletzt die adelige Herkunft. In Valletta zeugen herrliche Bauwerke in weichem goldfarbenem Globigerinenkalkstein von der Kultur der siegreichen Glaubenskämpfer: die St. John's Co-Cathedral, der Palast des Großmeisters, der Grand Master's Palace, in dem die Ritterrüstungen der heldenhaften Kämpfer stehen, die palastartigen Herbergen einiger »Zungen« sowie die gewaltigen Festungswerke, die Forts, Magazine, Werften und ein Kranz von Wachtürmen, die größtenteils erhalten sind. Und schließlich die Stadt selbst mit ihren Kirchen und pittoresken Vierteln. Noch heute, 200 Jahre nachdem der Orden Malta verlassen mußte, ist in dieser mit modernem Leben erfüllten Hafenstadt wie auf dem ganzen Archipel sein Wirken spürbar. Nicht nur Valletta, sondern auch die »drei Städte« Cospicua, Senglea und Vittoriosa verdanken ihre Existenz den Rittern des Johanniterordens. Sie bauten Paläste und Kirchen im Landesinnern, und sie förderten auch den Wohlstand der Malteser. Doch ihrer angestammten Rolle als Krankenpfleger nach dem Vorbild des heiligen Gérard, ihres Ordensgründers, wurden die Johanniter selbst in der Zeit ihrer Verweltlichung gerecht. Sie unterhielten Hospitäler, die in ihrer Effizienz beispielhaft waren. Aus hygienischen Gründen aßen die Patienten von silbernen Tellern, und die Maße des größten Krankensaals im Ordenshospital in Valletta klingen noch heute märchenhaft – er ist 160 Meter lang, 11 Meter breit sowie wegen der Hitze über 10 Meter hoch.

Gegen Ende des 18. Jahrhunderts verlor der Orden seine Ziele und damit seine moralischen Grundlagen. Da er sich, wie schon mehrere Male vorher, in aussichtsloser Lage befand, mußte er 1798 kampflos zusehen, wie Napoleon den Orden ausplünderte und ihn von der Insel verwies. Männer wie de L'Isle Adam, der 1522 den Ordenssitz Rhodos verteidigte, oder de la Valette, der 1565 der Großen Belagerung widerstand, besaß der Orden nicht mehr. Großmeister Ferdinand von Hompesch aus deutschem Adel kapitulierte ohne einen Schwertstreich. Trotz der gewaltigen Befestigungen habe Malta »keinerlei moralische Stärke« besessen, lautete das vernichtende Urteil des Eroberers.

nicht zuletzt durch die Hilfe für Kranke ist ihr Wahrzeichen, das weiße achteckige Kreuz auf rotem Feld, noch heute in der Öffentlichkeit positiv besetzt.

Der Orden besaß zwar starke Burgen und eine Kriegsflotte, doch im Laufe des 13. Jahrhunderts eroberten die übermächtigen Moslems das Heilige Land zurück. 1291 ging mit Akkon die letzte Bastion der Kreuzfahrerstaaten verloren. Die überlebenden Johanniter flohen zunächst nach Zypern, um dann 1309 Rhodos zu erobern, wo sie als vom Papst sanktionierter Souverän herrschten. Mit ihren Kaperschiffen fügten sie den Moslems großen Schaden zu, und Belagerungen vermochten sie erfolgreich abzuwehren – bis zum Jahr 1522, als Sultan Süleiman der Prächtige, der begabteste Herrscher der türkischen Geschichte, mit einer gewaltigen Streitmacht die Inselfestung angriff. Drei Monate widerstanden die Ritter unter großen Opfern. Der kleinen tapferen Schar der Überlebenden, angeführt von ihrem Großmeister Philippe Villiers de L'Isle Adam, wurde ein ehrenvoller Abzug gewährt. Sie nahmen kaum mehr als ihre Ordensreliquien mit, als kostbarste galt die rechte Hand Johannes' des Täufers im juwelenbestückten Reliquiar. Von ihrer einst großen Flotte blieben drei Schiffe übrig.

Nach einer Zwischenstation auf Kreta erhielt der Johanniterorden 1530 von Kaiser Karl V. Malta als Lehen. »Die Insel Malta (...) ist nichts als ein kolossaler Felsen...«, berichtete das Spähkommando des Ordens. Doch der ausgebrannte Felsboden bringe reichlich Feigen, Melonen, Weintrauben, Orangen und Zitronen hervor sowie Honig, Baumwolle und Kümmelsamen – und: »An der Ostküste befinden sich viele Landzungen, kleinere und größere Buchten und zwei besonders große Häfen, geräumig genug, um eine Flotte beliebigen Umfangs aufzunehmen.« Letzteres gab den Ausschlag.

Erneut unternahmen die Ritter Kaperfahrten gegen die Moslems. Sie bauten ihre Hafenforts St. Elmo am Kap des Mount Sciberras, St. Angelo in Birgu (später Vittoriosa) sowie St. Michael in L'Isla (Senglea) und sicherten ihre Häfen durch schwere Kettensperren.

Es kam, wie es kommen mußte: Am 18. Mai 1565 erschien die vom greisen Süleiman dem Prächtigen entsandte Armada. Die Große Belagerung begann. 40000 Türken gegen 700 Ritter und etwa 8000 Mitstreiter, wie spanische Soldaten, Söldner und Freiwillige, darunter viele Malteser. Der erfolggewohnte Pirat Dragut befehligte die überlegene Artillerie. Die fanatischen Janitscharen griffen immer wieder die Bastionen an. Der Kampf wurde mit äußerster Erbitterung geführt. Als St. Elmo fiel, ließ Dragut die gefallenen Ritter enthaupten, die Körper auf Kreuze nageln und von der Meeresströmung nach St. Angelo treiben. Im Gegenzug ließ Großmeister de la Valette gefangene Türken enthaupten und die Köpfe mit Kanonen zu den Angreifern übers Wasser schießen. An der Bastion der »Città Notabile« (Mdina), die der ansässige Adel verteidigte, wurden jeden Morgen zwei Gefangene aufgehängt.

Nun forderte der heiße maltesische Sommer seinen Tribut unter den Belagerern: In den Zeltlagern brachen aufgrund der schlechten hygienischen Bedingungen Seuchen aus. Trotzdem brachten die Sturmangriffe der Türken die Verteidiger in eine verzweifelte Lage. Selbst der 70jährige, bereits verwundete Großmeister Jean Parisot de la Valette griff zur Waffe, um bei der Verteidigung einer Bresche, die eine Sprengmine in das Mauerwerk von St. Angelo gerissen hatte, mitzuhelfen. Die Vorräte der Belagerten gingen bereits zur Neige, und die Schar der Verteidiger schmolz dahin. 250 Ritter waren gefallen, fast alle andern waren verwundet, und 7000 Mitkämpfer hatten ihr Leben verloren.

In dieser aussichtslos scheinenden Lage kündigte sich Hilfe aus Spanien an: Von Sizilien kommend, setzte am 6. September im Norden Maltas eine Flotte des spanischen Vizekönigs Don Garcia de Toledo ein kleines Entsatz-

heer an Land. Die Türken, deren Späher die Zahl der in Wirklichkeit nur 8000 Mann starken Hilfstruppe offensichtlich maßlos überschätzten, brachen überstürzt die Belagerung ab und traten den Rückzug an. Sie hatten einen entsetzlichen Verlust von 25000 Kämpfern zu beklagen. Am 8. September 1565 läuteten dann die Siegesglocken. Sie versüßten die Gesundung und Erstarkung des Johanniterordens. Die gesamte christliche Welt war über seinen mutigen Kampf begeistert. Darüber hinaus wurde die Gefahr erkannt, die im Falle einer Niederlage gedroht hätte. Schon während der Belagerung äußerte Königin Elisabeth I. von England die Befürchtung: »Wenn die Türken gegen die Insel Malta erfolgreich sein sollten, so ist nicht abzusehen, welche weiteren Gefahren daraus für den Rest der Christenheit erwachsen.« Ein Sieg Süleimans hätte binnen weniger Jahre die europäische Landkarte grundlegend verändert.

Aus den großen europäischen Staaten trafen nun Spenden ein, um Malta zum Bollwerk gegen die »Ungläubigen« auszubauen.

Der Papst sandte seinen Festungsbaumeister Francesco Laparelli, einen Schüler des berühmten Michelangelo Buonarroti. Schon am 28. März 1566 wurde der Grundstein zur Stadtfestung auf dem langgestreckten Mount Sciberras gelegt. Sie wurde auf den Namen des Großmeisters getauft: Civitas Humilissima Valetta, die »demütigste Stadt Valetta«.

Die Straßenzüge legte man wie auf dem Reißbrett schachbrettartig an; sie steigen und fallen mit dem natürlichen Höhenprofil der Landzunge. Valletta blieb in den folgenden Jahrhunderten nahezu unverändert. Die UNESCO setzte die einzigartige Stadt auf ihre Liste des schützenswerten Kulturerbes der Menschheit.

Kontraste

V*alletta, Großmeisterpalast,* an einem heißen Sommertag: Nichts erscheint so selbstverständlich wie eine Schulklasse, die sich vor dem Museumsbesuch im »Cordina« mit »ice-cream« eindeckt. Beim Neptunbrunnen im Innenhof des Grand Master's Palace, wo die Ritter als Kavaliere im Mantel und mit Degen stolzierten, lagern die Jungen, bis sie ihre Erfrischung geschleckt haben. Spätestens wenn sie in der Waffenkammer vor den wie zum Appell angetretenen Ritterrüstungen stehen und sich in Gedanken schon als verwegene Kreuzritter sehen, die, eingezwängt in dem ofenheißen Eisenanzug, auf der Bastion das Schwert schwingen, werden sie wohl von neuen Eiskugeln träumen.

Salt Pans, Gozo: Alte Männer und Frauen, die krummrückig mit bloßen Füßen in der Salzlake stehen und unermüdlich das »weiße Gold«, das Meersalz, schöpfen. In den Salzpfannen zwischen dem blendenden Gestade und den dräuenden Wogen betreiben sie ein steinzeitliches Handwerk. Nah am Ufer zieht eine lärmende Motoryacht ihre Kreise, blitzend in Weiß und Chrom, mit Vertretern der müßigen Jeunesse dorée. Man beäugt neugierig die emsigen Menschen, macht sich gegenseitig auf die Vorteile eines naturverbundenen Erwerbslebens aufmerksam. Und man winkt. Doch die Schöpfer des »weißen Goldes« nehmen keine Notiz davon – nur einer rückt seinen Strohhut zurecht.

Hal Tarxien: Virtuos modellierte Tierfriese, auf den Schranken exakte Spiralenreliefs, die wie strenge, abweisende Augenpaare wirken, ein Torso der Großen Mutter – Hal Tarxien war das umfangreichste, künstlerisch ausgereifteste, aber auch letzte Sanktuarium, denn ein rätselhafter Schicksalsschlag vernichtete das Erbauervolk. Bei der Suche nach einer Erklärung stößt man auf die Beobachtung, daß bisher nur wenige Äxte aus der Bronzezeit gefunden worden sind. Zudem vermutet man, daß in matriarchalischen Zivilisationen Metall vermutlich tabuisiert war – leichtes Spiel, ein so friedfertiges Volk auszulöschen? Nebenan im Schulhof ertönt das Geschrei spielender Kinder. Mit neuen Einwanderern begann ein neues Leben auf der Insel.

»Die Enthauptung Johannes' des Täufers« (Michelangelo da Caravaggio) im Oratorium der St. John's Co-Cathedral.

Valletta, Oratorium der St. John's Co-Cathedral: Michelangelo da Caravaggio (1573–1610) war einer der begabtesten Maler der frühen Neuzeit, einer Periode der großen Umbrüche. Doch er war ein undurchsichtiger jähzorniger Bursche, dem Liebeshändel, Totschlag und Randale mit der Polizei nachgesagt wurden. Caravaggio, der seine besten Jahre in Rom verbrachte, nahm die Weisung des Trienter Konzils auf, die Kunst müsse mehr Realismus zeigen. Als er diese Vorgaben beherzigte, warf man ihm vor, er stelle die Heiligen ohne jede Vornehmheit und Würde dar – als »normale« Menschen eben. Er mußte aus Rom fliehen, da er einen Mann im Duell getötet hatte. Nach seinem Aufenthalt in Neapel lebte er zwei Jahre auf Malta, wo 1608 das wohl bedeutendste Gemälde des Johanniterordens entstand: »Die Enthauptung Johannes' des Täufers«, ein Meisterwerk des Barocks.

Der gefesselte Johannes wird von dem Schächer wie ein Opfertier an den Haaren auf den Fußboden gedrückt – der maßlosen Ohnmacht des Opfers steht die gelassene Brutalität eines lizensierten Mörders gegenüber. Das Bild drückt die alltägliche Gewalt jener Umbruchzeit aus. Noch im selben Jahr wurde der Maler in den Kerker geworfen: Er soll einen Ritter verwundet haben. Caravaggio gelang die Flucht nach Sizilien, wo er noch große Werke schuf, bevor er nach Rom zurückkehren wollte. Nach einer Verwundung starb er siebenunddreißigjährig am Strand von Port' Ercole am Fieber. Es heißt auch, die Rache der Malteserritter habe ihn ereilt.

Im Landesinneren: Flirrendes, weites Land, Steine wie blanke Knochen, braune Halme im Wind – man wäre über den Anblick von Kamelen nicht überrascht. Megalithisches Gemäuer hie und da, mit Opuntienhecken voll

MUMMY!
ME TOO!
Barbie

süßer stachelbewehrter Früchte dazwischen und einem dürren Feigenbaum mit knorrigem Geäst im Hintergrund, Trockenmauern, die die Ödnis teilen, durch die wilde Ziegen springen. Plötzlich blitzt ein sirrendes Windrad auf: Pumpwasser gluckert in ein Becken, aus dem es in Rinnen durch Gartenbeete geleitet wird. Wasser vergoldet den Boden, sagt man. Der trostloseste Winkel wird mit den ersten Wassertropfen zur Oase. Bougainvilleen, Artischocken, Tomaten, Trauben, Salate, Zitronen und Aprikosen verwandeln karge Landstriche in kleine Paradiese. Kürbisse liegen zum Trocknen auf Terrassenbrüstungen, dahinter leuchten die Mauern der weißen Kuben – die von den Arabern eingeführte Hausburg der Einödhöfe. Ein Mann hackt die Erdkrume mit bedächtigen Bewegungen. Zeit spielt hier keine Rolle – nur Wasser.

Am Strand, irgendwo: Die Badebucht – ein jeder wird die »seine« finden – sollte etwas abgelegen sein, zum Beispiel unterhalb eines Kliffs. Ein trockenes Bachbett, begleitet von einem mäandrierenden Ziegenpfad, führt zwischen schattenspendenden Oliven- und Johannisbrotbäumen aus biblischer Zeit hinab. An der Felswand ranken weiße Clematis. Ein Fleckchen gelbgesprenkelter Wiese, ein Stückchen Kiesstrand – und dann glasklares Wasser. Sich wiegen lassen in der langen Dünung, die von weit herrollt, ob von Tunesien, Sizilien oder Kreta, das ist, um mit Kleist zu sprechen, gleichviel. »Nein, sagt! Ist es ein Traum?« »Ein Traum, was sonst?«

Warten auf den Bus: Kinder in ihren Schuluniformen (Valletta).

LANDSCHAFTEN

VALLETTA:
JUWEL IN PERFEKTER FASSUNG

Seite 38

DER SÜDEN UND OSTEN: HÄFEN, HÖHLEN, KLIPPEN

Seite 60

und Regionen

Das Zentrum: »Città Notabile« & Co.

Seite 80

Der hügelige Nordwesten: Geschichte und Geschichten

Seite 100

Gozo und Comino: Grüne Insel, karges Eiland

Seite 114

MALTA
Mittelmeer
Gozo
Comino
South Comino Channel
Marfa Point
Cirkewwa
Cirkewwa (Paradise Bay)
Marfa
Ramla Tal-Qortin
Ramla Tal-Bir
Ramla Tat Torri
Armiel Bay
Madonna Statue
Rdum I-Ahmar
Marfa Ridge
Ras il-Qammieh 112
Mellieha Bay
Bisqra
Mellieha
Popeye Village
Anchor Bay
Qasam Barrani
Selmun Palace
Tal-Blata
St. Paul's Islands
St. Paul's Statue
St. Paul's Bay
Qawra
Qawra Point
Xemxija
Bugibba
Salina Bay
Salinen
Ghallis Rocks
Il-Hotba
Qreitjen Point
Bahar Ic-Caghaq
Mellieha Ridge
Bajda Ridge
In-Nahalija
Ghajn Tuffieha
Golden Bay
Ghajn Tuffieha Bay
Gnejna Bay
Roman Baths
San Martin
Wardija
Wardija Ridge
Wied Qannotta
Gebel Ghawzara 118
Bur Marrad
Hal Dragu
Wied Ta'l-Arkata
Victoria Lines
Madliena Fort
Madliena
Pembroke
St. George's Bay
Il.Qaliet
Balluta Bay
Gharghur
Wied il-Faham
San Pawl Tat-Targa
Mosta Fort
Misrah Ghonoq
Ghajn Rihana Valley
Mgarr
Zebbieh
Skorba Tempel
Il-Pelegrin 127
Wied il-Hmar
Fomm ir-Rih Bay
L-Iskorvit
Bingemma
Il Busbesija
Tal-Wej
Naxxar
St. Julian's
Ta'Giorni
San Gwann
Sliema
Gzira
Kappara
Manoel Island
Falk Gap 122
Tal-Wata
Mosta
Ta'l-Abatija
Victoria Lines
Bahria Valley
St.Martin's 214
Nadur
Il-Qolla 191
Ghemieri
Ta'Mlit
Balzan
Birkirkara
Ta'Xbiex
Marsamxett Harb.
Bahrija
Qlejgha Valley
Tal Madliena
Msida
Floriana
Santa Venera
Tal Merhla 212
L-Andriet
Wied il-Busbies
Mdina
Peter und Paul Kathedrale
Wied il-Hemsija
Ta'Qali Craft Centre
Misrah Kola
Attard
Wied is-Sewda
Hamrun
Tal Merhla
Rabat
Ta'Baldu 199
Hal Bajjada
Hal Muxi
Haz-Zebbug
Hal-Qormi
L-Istabar
Marsa
Paola
Wied ir-Rum
Wied-tal-Isqof
Gnien il-Kbir
Hypogeum
Dingli
Verdala Palace
Hal Dwien
Hal Mula
Wied Qirda
Luqa
Santa Lucija
Buskett Gardens
Il-Hesri
Buskett
Wied Xkora
Malta International Airport
Tac Cawla
Dingli Cliffs
Clapham Junction
Siggiewi
Tas Salvatur
Mqabba
Inquisitors Palace
Gebel Cantar 236
Gudja
Tal Providenza
Tal-Mentna
Hal-Kirkop
Ta'San Niklaw
Tal Bajjada
Qrendi
Hgar Qim
Mnajdra
Zurrieq
Wied Babu
In-Nigret
Bubaqra
Blue Grotto
Ta Ghammer
N
0
2 km

Gozo
N
0
2 km
San Dimitri Point
Gordan
Zebbug
Qbajjar
Marsalforn Bay
Marsalforn
Wied il-Mielah
Ghammar
Wied tal-Ghasri
Birbuba
Basilika Ta'Pinu
Santu Pietru
Gharb
183
Ghasri
Ta'Kuljat 180
Il Pergla
Ramla Bay
Calypso's Cave
San Blas Bay
118
Azur Window
Inland Sea
Wilga
San Lawrenz
Dwejra Point
Dwejra Bay
Fungus Rock (Il-Gablatal General)
Wied Ilma
San Niklaw
Santa Lucija
Ghajn Hammier 137
Victoria (Rabat)
Marsalforn Valley
Ta'Bullara
Ramla Valley
Dahlet Qorrot
Ta'l-Ghajjun
Bin Gemma
Ggantija Temples
Kercem
Xaghra
Ta' Hida
Ta'Cini
Wardija 160
Fontana
It- Taflija
Qala
Nadur
Tar-Riefnu
Tal-Lunzjata
Tal-Hamrija
Is-Saqwi
Qala Point
Xlendi Bay
Munxar
Xewkija
M'garr
Wardija
Xlendi
Ta'Gorgun
Wied Hanzira
Sannat
M'garr Harbour
North Comino Channel
Ta'Cenc
Cart Ruts and Dolmen Burial Mounds
Ghanisielem
Fort Chambray
San Niklaw Bay
Blue Lagoon
Mellieha Point
Fessej Rock
Cominotto
Comino
75
Mittelmeer
South Comino Channel

Fort St. Elmo
St. Elmo Point
Valetta
Grand Harbour
Dockyard Creek
Santu Rokku
San Pietru
Senglea
Vittoriosa
Cospicua
Il-Wileg
Bormula
Zabbar
Zonqor
Fgura
Il Borg
Zonqor Point
Marsaskala
Tarxien
Il-Kappara
Il-Minzel
Il-Gzira
Zejtun
Ta'Ngrawr
St. Thomas Bay
Bir id-Deheb
Misrah Strejnu
Il-Munxar
Tas Silg
Hal-Ghaxaq
Wied Dalam
Marsaxlokk
Id Qajjenza
Ghar Dalam
Fort St. Lucian's Light
Peter's Pool
Wied il-Qoton
Marsaxlokk Bay
Birze-bugga
Tal-Papa
Hal Far
Delimara Point
Kalafrana
Ghar Hasan Cave

Sardinien
Neapel
ITALIEN
Tirana
ALBANIEN
Thessaloniki
Tyrrhenisches Meer
Palermo
GRIECHENLAND
Ionisches Meer
Sizilien
Athen
Tunis
Gozo
Malta
TUNESIEN
Mittelmeer
Tripolis
LIBYEN

Valletta

Kein Wunder, daß Valletta vom Meer aus betrachtet wie eine gewaltige Festung anmutet, wurde es doch 1566 von den Rittern des Johanniterordens gegründet. Aber hinter der martialisch wirkenden Schale verbirgt sich ein urbanes Herz, dessen Prachtbauten im Stil der Renaissance und des Barocks beeindrucken. Das quirlige Stadtleben ist dem einer südlichen Metropole würdig, unvergleichlich ist jedoch die Mischung aus maltesischem Charme und einem Hauch Exotik.

THE LANTERN

Zu den auffallenden Merkmalen maltesischer Architektur gehören die vielen Erker.

BEECHWOOD
AIR MALTA
Flyaway Tours

Zu den großen Leidenschaften der Malteser gehören Pferderennen (hier in Marsa, südlich des Grand Harbour).

Grand Harbour und Vittorosia
im Abendlicht.

Insurance

Blick von Valletta auf Floriana mit der St.-Publius-Kirche bei Sonnenuntergang.

Juwel in perfekter Fassung

Man betritt »Il Belt«, wie die Malteser ihre Kapitale nennen, durchs imposante Haupttor, nachdem man vom Außenfort Floriana den schluchtartigen Mauergraben über eine Brücke überquert hat. Das City Gate gibt den Blick auf die Republic Street frei, die bis zum Fort St. Elmo an der Spitze der Sciberras-Halbinsel, auf der die Stadt erbaut wurde, reicht. Auf dieser Hauptstraße herrscht das lebhafteste Menschengetümmel der Insel – verständlicherweise, denn auf ihr läßt es sich herrlich bummeln.

Valletta entstand auf dem Reißbrett als Festungsstadt des siegreichen Ordens des heiligen Johannes zu Jerusalem, nachdem dieser heroisch und aufopfernd die Große Belagerung der Türken 1565 abgewehrt hatte. Hier auf dem Mount Sciberras, wo sich heute stattliche Häuserzeilen aneinanderreihen, standen einst die Zelte des muselmanischen Heeres, hier formier-

ten sich die Angreifer, von hier aus feuerten sie ihre Batterien ab, die Fort St. Elmo zermalmten, und vom Hochufer aus beschossen sie über den Grand Harbour hinweg die Forts St. Michael in Senglea und St. Angelo in Vittoriosa. Die Armee würde wiederkommen, hatte Sultan Süleiman der Prächtige bei seinem demütigenden Abzug geschworen, um den »Söhnen des Satans«, den Ordensrittern, Malta zu entreißen.
Sollen die Türken ruhig wiederkommen, dachte der unbezwingbare Großmeister Jean Parisot de la Valette – den Monte Sciberras werden sie nicht mehr als Angriffsbasis vorfinden, sondern als eine gigantische Fe-

Das Manoel Theatre (1731) ist eines der ältesten europäischen Theatergebäude.

stung, an der sie sich die Zähne ausbeißen werden. Der Großmeister wurde in seinen Plänen unterstützt von Francesco Laparelli da Cortona (1519–1570), dem besten Festungsbaumeister des Papstes. Darüber hinaus sorgten Spenden und Hilfsgelder dafür, daß bereits im März 1566 der Grundstein gelegt werden konnte – der Bergrücken verwandelte sich in die größte Baustelle im Mittelmeerraum. Tausende von Sklaven und sizilianischen Arbeitern legten Hand an, hinzu kamen die versierten maltesischen Maurer, die den Globigerinenkalk zu exakten Bausteinen, Säulen, Balustern und Ornamenten schnitten, schliffen, meißelten und aufmauerten. Schon drei Jahre nach dem Sieg verstarb der Großmeister inmitten der wachsenden Stadt, die ihm zu Ehren »Civitas Humilissima Valetta« (»die demütigste Stadt«) getauft und in der ihr Gründer als erster bestattet wurde. 1569 war die Kapitale Valletta schon so weit gediehen, daß Laparelli nach Rom zurückkehren konnte. In seiner Nachfolge entwickelte sich ein Stamm von Ordensbaumeistern, angeführt von Girolamo Cassar und seinem Sohn Vittorio, die neben Festungsbauten die Stadt mit Palästen im Stil des Barocks schmückten. Valletta entstand auf einem schachbrettartigen Grundriß nach Vorbild römischer Siedlungen, aus denen sich die Städte der Antike bildeten, wie beispielsweise Florenz. Gleich einem kostbaren Juwel umschließt eine kunstvoll gearbeitete Fassung den Kern: Das Herz der Stadt mit all seinen Menschen und öffentlichen Bauten wird von einer effizienten Verteidigungsanlage geschützt – ein genialer Plan, der formvollendet umgesetzt wurde.

Beim Anflug auf Malta sieht man Valletta von einem ästhetischen Zackenstern eingefaßt. Doch was aus der Luft betrachtet klein und zierlich aussieht, nimmt auf der Erde imposante Dimensionen an: Vor dem City Gate bekommt man einen realistischen Eindruck von den gigantischen Maßen der Mauern und Bastionen. Betritt man die Stadt, vergißt der Besucher zwar den abweisenden Charakter der Festung, doch sowohl die im Stil des Barocks errichteten Profan- als auch die vielen Sakralbauten strahlen eine Strenge und Würde aus, die in Italien unbekannt ist: Die maltesische Variante dieses Baustils prägt die ehrwürdig wirkenden Kirchen sowie die vornehmen und stolzen, mit Wappen und Trophäen dekorierten Staatsgebäude und Palazzi.

In den Strassen von Valletta

Die bergauf und -ab verlaufenden Straßen wirken pittoresk, teilweise fast exotisch. Die Fassaden sind geschmückt mit Heiligenfiguren, Käfigen mit Singvögeln, Erkern und verglasten Balkonen, die orientalischem Einfluß zu verdanken sein sollen; die meisten von ihnen sind aus Holz, das in Pastelltönen gestrichen wurde. In den Querstraßen wie der St. John's Street führen steile Treppenläufe hinab zum Ufer. Durch die schattigen Straßenschluchten genießt man oft freie Blicke über den Hafen mit seinen schneeweißen Luxuslinern und den berühmten Docks im Dockyard Creek.

Valletta kann mit einigen Sehenswürdigkeiten aufwarten, deren Besuch man nicht versäumen sollte: die St. John's Co-Cathedral, den Grand Master's Palace, die Auberge de Provence, in der das Nationalmuseum für Archäologie untergebracht ist, und das Manoel Theatre von 1731, in dem

TOBACCONIST

Im Kirchenschiff der St. John's Co-Cathedral (1573 bis 1577) wurden 400 edle Johanniterritter bestattet.

noch heute Aufführungen stattfinden, um nur die wichtigsten zu nennen. Das im erweiterten Ordenshospital Sacra Infermeria eingerichtete Mediterranean Conference Centre ist ebenfalls sehenswert, wurden hier doch die bedeutenden Gipfelgespräche der Großmächte geführt. Jenseits aller historischen Gebäude und Museen bietet ein Spaziergang über die Wälle und Bastionen ein unvergeßliches Erlebnis – nirgendwo sonst wird dem Besucher der Stadt deren kriegerische Vergangenheit bewußter.
Hinter dem Haupttor öffnet sich mit der Republic Street die Hauptachse und Hauptgeschäftsstraße der Stadt. Sie präsentiert sich mit dem Glamour einer modernen Metropole. Boutiquen, Restaurants und Straßencafés reihen sich aneinander – eine Flaniermeile mit Charme, die zu drei Kulminationspunkten des Stadtlebens führt: Great Siege Square, Republic Square und Palace Square.
Nur einige Schritte abseits des Trubels gelangen wir zu den Anfängen der maltesischen Kultur: In der palastartigen Auberge de Provence, der »Herberge« der provenzalischen Ritter, die 1775 von Girolamo Cassar errichtet wurde, bieten Modelle von Megalithtempeln einen Einblick in ihre Entstehungsgeschichte. Funde wie die Statuette der »Schlafenden«, die »Venus von Malta« sowie Tierfriese aus Tarxien zeugen von der Kunstfertigkeit der frühen Handwerker. Die Sammlung von archaischen Keramiken, die bis zu 6000 Jahre alt sind, verdient eine Extravisite.
Zwischen dem Great Siege Square und dem St. John's Square liegt die St. John's Co-Cathedral. Wie das etwas befremdlich anmutende »co« im Namen andeutet, handelt es sich bei der Ordenskathedrale nicht um den Sitz des Erzbischofs – dieser befindet

sich nach wie vor im älteren Dom in der einstigen Hauptstadt Mdina –, vielmehr wurde die Kirche im 19. Jahrhundert als Kathedrale dem Dom schwesterlich zur Seite gestellt.
Die St. John's Co-Cathedral wurde von Girolamo Cassar 1573 bis 1577 als Staats- und Gedächtnisdom des Johanniterordens erbaut. Der schlichten Renaissancefassade sieht man die unermeßlichen Schätze, die durch großzügige Spenden und Pflichtabgaben der Ritter im Inneren der Kirche angesammelt wurden, nicht an.
Im Kirchenschiff liegen 400 verdiente Ritter bestattet. Kostbare vielfarbige Grabplatten mit Marmorintarsien erinnern an sie: inkrustierte Namen und Wappen vornehmer Geschlechter, Titel, Taten, heraldischer Schmuck, Denksprüche, Symbole des Todes und der Auferstehung, Sensenmänner und Putten. In der Kapelle der deutschen Zunge prangt das Grabmal des Johanniterritters Baron von Guttenberg. Die barocken Deckengemälde des geschätzten Barockmalers Mattia Preti (1613–1699) schildern in 18 Szenen den Lebensweg Johannes' des Täufers. Auch eine Skulpturengruppe auf dem mächtigen Hochaltar Lorenzo Gafàs (1630–1704) zeigt den Ordensheiligen als Täufer Christi.
Die »profane« Seite des Johanniterordens demonstriert der Grand Master's Palace. Die Ritter führten ein buntes Leben, das von Macht und Kampf, Abenteuer und Kunstsinn, der sich bis zum Luxus steigerte, geprägt war. Den Palast, der am Palace Square an der Republic Street liegt, schuf Girolamo Cassar als Erweiterung eines Vorgängerbaus von 1569, in dem 23 Großmeister residierten.

Streifzüge durch die Geschichte

Auf dem Republic Square thront über den gutbesetzten Terrassen der In-Cafés »Premier«, »Eddie's« und »Cordina« noch immer Maltas einstige Monarchin Queen Victoria – von den Tauben gar despektierlich bedacht. Britisch-maltesische Geschichte des 20. Jahrhunderts bietet einige Schritte weiter am Palace Square die Multivision-Darbietung »Malta George Cross«, die den Kampf um den Archipel während des Zweiten Weltkrieges in Schwarzweiß zeigt. Die dramatischen Geschehnisse aus Nicholas Monsarrats Bestsellerroman »Der Kaplan von Malta« erhalten durch diese Originalaufnahmen ihren zeitgeschichtlichen Background.
Weiträumiger behandelt die Mega-Dia-Schau »The Malta Experience« ihr Thema: Packend und farbig wie ein Cinemascopefilm entrollt sie die Geschichte von dem kleinen, doch grandiosen »Nabel des Mittelmeers«. Veranstaltungsort ist die Sacra Infermeria, das einstige Hospital der Ritter am Grand Harbour (Old Hospital Street), das damals, 1575, das größte und modernste Krankenhaus der Welt war. Neben der allgemeinen Krankenpflege hatte das Hospital auch die Aufgaben eines Lazaretts, um die medizinische Betreuung von verwundeten Rittern sicherzustellen – die kleine Schar konnte im Kampf auf keinen einzigen Mann verzichten. Dies erklärt auch die Lage der Sacra Infermeria in unmittelbarer Nähe des Hafens und des Ritterforts St. Elmo am Kap. Sinnigerweise birgt es ein Waffenmuseum.
Nach einem Bummel durch die muntere Geschäftsstraße Merchants Street sind die Lower Barracca Gardens mit dem Tempelmonument für Alexander Ball (Kapitän Nelsons Offizier und erster britischer Gouverneur auf Malta) ein herrlicher Treffpunkt und Ruheplatz. Es sei denn, man bevorzugt die Upper Barracca Gardens mit dem phänomenalen Ausblick. Im Zentrum des Panoramas liegen jenseits des Grand Harbour »die drei Städte«.

Zeitloses Vergnügen in einem Club in der Republic Street.

»The Three Cities«

Senglea, Vittoriosa und Cospicua (maltesisch Bormla) werden gerne unter dem Begriff »Three Cities« subsumiert. Volkstümlicher ist indes der Name »Cottonera«, der sich auf die Festungsanlagen bezieht, mit denen Großmeister Nicola Cotoner (1663–1680) die drei Orte umschloß.
In der Tat stellt das Trio am Ostufer des Grand Harbour eine topographische Einheit dar: Das Fischerdorf Birgu, das nach der Belagerung Vittoriosa, die »Siegreiche«, genannt wurde, sowie Senglea liegen auf Landzungen, deren Basis Cospicua bildet. Auch ihre Vorgeschichte weist Gemeinsamkeiten auf. Die Bucht hat bereits phönizischen Schiffen Schutz geboten, den diese ersten Seefahrer des Mittelmeers mit »Maleth« bezeichnet haben sollen; später wurde daraus »Malta«. Die Herberge der deutschen Landsmannschaft am Vittoriosa Square wurde während des Zweiten Weltkrieges von Bomben in Schutt und Asche gelegt. Als stattlichstes Profangebäude ist der Inquisitor's Palace in der Main Gate Street erhalten. Hier walteten von 1574 an die päpstlichen Inquisitoren ihres Amtes.
Vom Inquisitorenpalast in Richtung des Dockyard Creek trifft man auf die

St. Lawrence Church, die 1530 zur Konventskirche des Ordens bestimmt wurde. Die Barockisierung vollbrachte der bedeutende Baumeister Lorenzo Gafà. Sowohl die kostbare Ausstattung aus rotem Marmor als auch die Gemälde von Mattia Preti und anderen sind sehenswert.
Der Vittoriosa Square bildet mit seinen Repräsentationsbauten, Denkmälern, Geschäften und Restaurants den lebhaften historischen Mittelpunkt der Stadt. Vom Mauerkranz des Forts St. Angelo genießt man einen großartigen Blick über den Hafen. Wer die Hafenatmosphäre unmittelbarer erleben möchte, findet sie auf einem Spaziergang entlang der Werften, die unterhalb des Forts beginnen. Das National Maritime Museum in der Nähe von St. Lawrence ist in der ehemaligen britischen Marinebäckerei (Navel Bakery) untergebracht und mit Memorabilia der imposanten Seefahrtsgeschichte gefüllt.
Senglea, das ehemals L'Isla genannt wurde, erinnert mit seinem schachbrettartigen Grundriß an das Straßenbild von Valletta – die Balkone sind jedoch noch origineller, und das Leben in den Wohnstraßen ist noch ausgelassener. Ein Spaziergang zur Vedette des einstigen Forts St. Michael ist obligatorisch. Im Zweiten Weltkrieg wurde Senglea stark bombardiert, so daß die Stadt fast völlig zerstört war. Die Dockanlagen mit ihren einst 15 000 Arbeitsplätzen, von denen nur 5000 erhalten geblieben sind, waren einmal der wichtigste Industrieplatz der Insel.

Noble Nachbarn

Zu Vallettas westlichen Nachbarstädten Sliema und St. Julian's führt eine Küstenstraße am Marsamxett Harbour entlang. In ihnen hat der Tourismus stärker Fuß gefaßt als in den Arbeitervierteln von »Cottonera«. Die feudalen Yachthäfen auf der Halbinsel Ta'Xbiex und auf Manoel Island künden von üppigem Luxus und schickem Jet-set.

Sliema, mit 21000 Einwohnern die größte Stadt Maltas, verfügt über eine lange Küste, deren Grandhotels dem Ort zunehmend das Gesicht eines Seebades verleihen. Die erst 100 Jahre alte Stadt besitzt, abgesehen von einem Wachturm am St. Julian's Point aus dem 17. Jahrhundert und der Fortizza aus der britischen Periode, keine historischen Sehenswürdigkeiten. Sliemas Stärken sind anderer Art: Der Ort verfügt über alle Möglichkeiten für urbane Vergnügungen, wie Shopping, Essengehen und Nightlife – und natürlich das Strandleben und Bootsfahrten.

St. Julian's, einst ein Fischerort, bietet von allem mehr. Die Attraktion schlechthin ist das mondäne Spielcasino in dem Grandhotel »Dragonara Palace«. 1688 ließ ein betuchter Ordensritter den stattlichen Spinola Palace errichten. Heute ist er Sitz der Behörde für Außenwirtschaft, durch deren Aktivitäten man sich erhofft, daß Malta »die kleine Schweiz des Mittelmeers« werde. Die Spinola Bay mit ihren »luzzi«, den farbigen Fischerbooten, ist abends im Lichterschein ein wahrer Traum – den man während eines Dinners genießen sollte.

Danach beginnt allerdings auch hier das Nachtleben, das im Stadtteil Paceville mit seinen Discos noch eine Steigerung bietet. Sowohl manche Einheimischen als auch viele Besucher schwören jedoch auf die schöne und immer belebte Uferpromenade, zumal beim abendlichen Corso.

Zum Dinner ein Traum aus Farben und Licht: Abendstimmung in St. Julian's, am Ende der Spinola Bay.

Paparazzi
LA DOLCE VITA
S 3087

Der Süden und Osten

Auf einer Fahrt durch den Süden und Osten Maltas führen die Straßen immer wieder von der Küste ins Landesinnere – die starken Höhenunterschiede verhinderten bis jetzt den Bau einer durchgehenden Küstenstraße. So lernt man auf Umwegen das Land kennen, und gleichzeitig bietet der Wechsel von Meer, Küste und Landstrichen faszinierende Eindrücke.

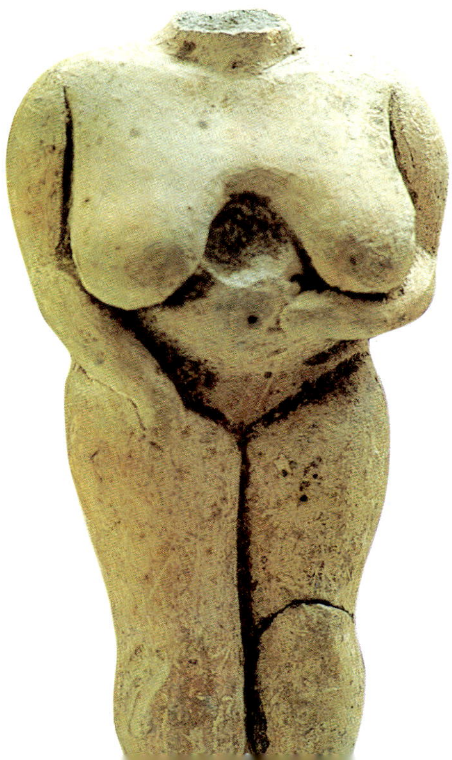

Links: Im Hafen von Marsaxlokk. Rechts: Die Venus von Malta.

Hagar Qim (»Steine des Gebets«) – eine der bedeutendsten neolithischen Tempelanlagen des maltesischen Archipels.

Die Dingli Cliffs an der Südküste von Malta sind stellenweise mehr als 200 Meter hoch.

Die Pfarrkirche Ta' Grazzia (»Our Lady of All Graces«) im Ortszentrum von Zabbar entstand in den Jahren 1641 bis 1696.

Feldsteinmauern begrenzen die Äcker und Gärten im Südosten der Insel.

Häfen, Höhlen, Klippen

Von Valletta kommend, sollte man dem 10 000 Einwohner zählenden Ort Zejtun zumindest den Tribut einer Stippvisite zollen. Der Wallfahrtsort besticht durch sein Stadtbild, in dem zwei Kirchen die vornehmste Rolle spielen: die Pfarrkirche St. Catherine, deren Bau 1692 begonnen und erst 100 Jahre später vollendet wurde und eine Schöpfung von Lorenzo Gafà ist. Sie verfügt über eine gewaltige Kuppel und eine kostbare Ausstattung. Bei der zweiten Kirche handelt es sich um die an der Peripherie gelegene Pilgerkirche St. Gregory, die 1436 durch die Erweiterung einer bereits bestehenden Kapelle entstand. Während der Bauzeit gehörte sie zum Verbund der zehn Pfarrbezirke Maltas. In dem Gotteshaus, in dem sich viele Epochen manifestieren, fand man einen Turm integriert, der zu einem Küstenring von insgesamt 14 Wachtürmen zählte. St. Gregory besaß somit auch die Funktion einer

»Taht il-Hnejja« (»unter dem Bogen«) wird die Blaue Grotte von den Maltesern auch genannt. Für die hier in tiefem Azur schimmernde Wasseroberfläche sind Blaualgen verantwortlich, verstärkt von einem bestimmten Lichteinfall – vor allem in den Vormittagsstunden

Fluchtburg im Falle der Invasion sarazenischer Seeräuber. Grausige Funde bezeugen, daß die Muselmanen keine Gnade kannten. Der große Ehrentag des »San Girgor« ist der Mittwoch nach Ostern, an dem von Tarxien aus eine Wallfahrt mit hohen Würdenträgern und Scharen von Gläubigen zur Kirche stattfindet. Nach der Messe wird in Marsaxlokk gefeiert.

Marsaxlokk ist ein Muß für jeden Reisenden, der Häfen liebt – zumal Häfen, die das Flair des Fremden, ja Exotischen aufweisen, die gesäumt sind von pastellfarbenen Häuserkuben und Palmen, vor denen sich die großen bunten Fischerboote im Wasser wiegen. Ein jedes dieser »luzzi« genannten Boote scheint ein anderes Geheimnis zu bergen. Dabei ist der Inhalt kaum mehr als ein alter Dieselmotor und, mit Petri Segen, ein schwerer Fang. Aber da ist beispielsweise die bauchige Form der Boote mit den hohen Vorder- und Achtersteven, die von den Phöniziern stammt; der Vordersteven trug stets einen Pferdekopf. Blau, rot, gelb, blau ist die Abfolge der satten Farben, in denen die Boote parallel zur Bordlinie in kräftigen Schwüngen gestrichen sind. Die aufgemalten Symbole reflektieren die vielschichtige maltesische Kulturgeschichte: So ist auf einem schmalen roten Fries ein fliegender Falke mit einer Girlande dargestellt – der Malteser Falke, den die Ritter des Johanniterordens dem Kaiser jährlich als Lehenstribut lieferten. Oder ein feuriger, vielleicht normannischer Drache weist kämpferisch den Kurs. Andere Boote ziert ein Delphin, der nach der Überlieferung der christlichen Seefahrt aus Seenot zu retten vermag. Doch im selben Längsfeld erscheinen auch Arabesken: Sie stammen aus der 200 Jahre dauernden muslimischen Ära. Im unteren blauen Feld findet sich das christliche Osterlamm mit dem weißen Kreuz auf rotem Feld, den Malteser Farben. Im dreieckigen gelben Feld am Bug blickt das magische Augenpaar aus heidnischer Zeit in die Ferne – die Augen des ägyptischen Totengottes Osiris, die den punischen Pferdeschädel abgelöst haben...

Tagsüber herrscht im Fischerhafen Betriebsamkeit, die sich mit Einbruch der Dunkelheit auf die Hafenstraße verlagert und unter den Tausenden von Glühbirnen zum kleinen Fest wird. Man flaniert, handelt ein wenig auf dem Markt und läßt sich schließlich zu einem Mahl nieder. Musik ertönt leise von allen Seiten, und in der Bucht grüßen die Lichter der größten Fangflotte Maltas.

Marsaxlokk wird auch »Marsascirokko« genannt; »Marsa« heißt auf arabisch »Hafen«, Schirokko ist der heiße Südwind aus der Sahara. 1565 ankerte hier die türkische Armada, die die Große Belagerung vornahm. Der Schirokko hatte ihre Segel gebläht und sie hierhergeweht. Um ähnliche Unternehmungen zu vereiteln, wurde Anfang des 17. Jahrhunderts nach Plänen Vittorio Cassars das Fort St. Lucien auf dem Kap erbaut. 1798 bot es selbst der Übermacht Napoleons 36 Stunden lang die Stirn. Heute birgt es das meeresbiologische Forschungsinstitut der Universität.

Ein Ausflug nach Marsaskala an der Ostküste von Malta empfiehlt sich wegen der hervorragenden Fischlokale und der langen Bucht, an der Sandstrände allerdings eine Rarität sind.

»Hafen des warmen Windes« heißt die Übersetzung von Marsaxlokk, an der Ostküste von Malta gelegen.

Im Dunkel der Höhlen

Die nächste Station, die man auf der schönen, aber leider kurzen Küstenstraße erreicht, ist ein Objekt der prähistorischen Forschung. In der urzeitlichen Höhle Ghar Dalam erfährt man zunächst eine merkwürdige Klaustrophobie, wie sie Jonas im Leib des Wales empfunden haben mußte. Über einen Bettersteg gelangt man in die schummerige Tiefe eines 215 Meter langen Schlundes. Seine Fossilienschichten aus Tierknochen, die bis zu 250000 Jahre alt sind, ließen Wissenschaftler darauf schließen, daß den Maltesischen Archipel einst eine Landbrücke mit Sizilien und dem europäischen Festland verband. Ein Landweg nach Afrika existierte jedoch nicht. Klimaschwankungen veranlaßten Tiere, wie Elefanten und Flußpferde, aus dem Norden in den Süden zu ziehen. Unter den verschlechterten Lebensbedingungen mutierten sie zu Zwergformen, so daß Elefanten nur noch die Größe von Bernhardinern erreichten; umgekehrt entwickelten beispielsweise Schwäne und Haselmäuse einen überdimensionalen Wuchs, als sich ihre Umweltverhältnisse wieder positiv veränderten. In der »Höhle der Finsternis« hat man auch Spuren der frühen Bevölkerung Maltas entdeckt. Die Forscher datieren sie zwischen Mittel- und Jungsteinzeit, also auf das 6. bis 5. Jahrtausend. In einem Freilichtmuseum werden Funde präsentiert und die Forschungsergebnisse veranschaulicht.

Von ganz anderem Interesse ist die Höhle Ghar Hassan an der Küste von Hal Far. Nach der normannischen Eroberung im Jahr 1090 soll sich ein Araber namens Hassan mit einem maltesischen Mädchen als Geisel hierher geflüchtet haben. In seiner Bedrängnis sei er schließlich – die Gefangene mit sich reißend – in den Tod gesprungen. Wer statt Gruselgeschichten schöne Meerblicke liebt, ist auch hier am rechten Platz. Manche Heldengeschichte rankt sich dagegen um das ehemalige Airfield der Royal Air Force, das im Kampf um den Flugzeugstützpunkt Malta im Zweiten Weltkrieg eine wesentliche Rolle gespielt hat. Gleich nach Kriegsbeginn flogen italienische Geschwader Angriffe gegen die Insel, wobei sie auch mutwillig zivile Ziele attackierten. Da Malta jedoch über keine Kampfflugzeuge verfügte, stiegen drei Piloten mit völlig veralteten »fliegenden Kisten« vom Typ »Gloster Gladiator« auf und bewiesen schließlich den Mut der Verzweifelten. Seit dem Abzug der Briten steht die Anlage Industrieunternehmen als Flugzeugwerft zur Verfügung.

Zur Blauen Grotte gelangt man über Zurrieq, das etwa 8000 Einwohner zählt. Das schmucke Städtchen liegt inmitten von sorgsam gehegten Äckern, deren Einfassungsmauern aus Feldsteinen die Landschaft ornamental strukturieren. Hier gedeiht das schönste Gemüse, das auf den Marktständen in überbordender Fülle angeboten wird, von A wie Auberginen bis Z wie Zucchini. Auch das Obst – Äpfel, Aprikosen, Feigen, Trauben und selbst kleine Bananen – reift hier herrlich. Die Barockkirche St. Catherine aus dem 17. Jahrhundert birgt eine bedeutende Gemäldesammlung, unter anderem auch Spätwerke von Mattia Preti. Der »Armeria« genannte Palast stammt ebenfalls aus dem 17. Jahrhundert und diente den Johannitern als Zeughaus. In der Nähe des Ortes ist eine der letzten Windmühlen aus der Ritterzeit zu bewundern.

Das Trockental Wied Babu führt zur Küste und zur Blauen Grotte (Blue Grotto). Es heißt, Engländer mit Capri-Kenntnissen hätten die romantische Bezeichnung um die Jahrhundertwende eingeführt. Der Name der Malteser ist ebenso prosaisch wie treffend: Taht il-Hnejja, was »unter dem Bogen« bedeutet. Einen Einblick von dem »Naturwunder« bekommt man bereits vom Ausguck an der Küstenstraße, doch ihren einzigartigen Reiz offenbart die Blaue Grotte erst auf einer Bootsfahrt über das tiefblaue Wasser, das vom glitzernden Spiel der Lichtreflexionen begleitet wird. Die etwas nüchterne Erklärung für die faszinierende Farbe des Wassers sind kleine Lebewesen names Blaualgen.

Das Ende der Küstenstraße markiert hier der Johanniter-Wachturm: einfach und formschön, wie aus der Bauhaus-Schule – aber aus dem 17. Jahrhundert.

GEHEIMNISVOLLE TEMPEL

Vorbei an den Orten Qrendi und Ta' San Niklaw erreicht man auf der Straße zur Küste die jungsteinzeitlichen Tempelanlagen Hagar Qim aus dem 3. Jahrtausend und Mnajdra aus dem 3. bis 2. Jahrtausend. Neben ihrer Funktion als Kultstätten sind sie auch als Monumente der stillen Zwiesprache des Menschen mit dem Übermächtigen anzusehen – darauf deutet schon ihre weltabgeschiedene Lage an einer 40 Meter hohen Steilküste, der Grenze zwischen Land und Meer. Unwillkürlich stellt man sich Späher vor, die im gleißenden Licht mit zusammengekniffenen Augen den Horizont absuchen.

Beide Sanktuarien sind der Großen Mutter geweiht und wirken selbst heute noch ehrfurchtgebietend: Hagar Qim, wo die »Liegende Frau« gefunden wurde, durch seine grandiose sieben Meter hohe Fassade und den sichelförmigen Vorhof, Mnajdra durch die weihevolle Verbindung von zyklopischer Architektur und asketischer Natur. Im Mittelpunkt der Kulte und Riten, zu der Magie, Opfer und Orakel gehörten, standen Fruchtbarkeit und Heilung … Hier sollte man sich Zeit lassen und den Touristenrummel meiden.

Die schaukelnde Fahrt entlang den Dingli Cliffs, den Blick starr aufs Meer gerichtet, gleicht einem Flug. Am besten, man wandert ein wenig über die schütteren Grünflächen, mit einer Pause an einem verlassenen Feldhäuschen. Die Steilkante aus weißem Korallenkalk mag an manchen Stellen fast 250 Meter hoch über dem Meer aufragen. Im Dunst der Ferne erscheint winzig die Insel Fifla. Sie ist der einzig sichere Rastplatz der Zugvögel, die Malteser ansonsten für vogelfrei halten und gnadenlos jagen.

»Liegende Frau« im Tempelschlaf (Hagar Qim).

An mehreren Stellen auf Malta und Gozo befinden sich prähistorische sogenannte Karrenspuren (Cart Ruts). Bei Clapham Junction in der Nähe der Dingli Cliffs treten sie sogar massiert auf – wie in einer Rangieranlage, weshalb das Gelände auch nach einem Londoner Umsteigebahnhof benannt wurde. Die »Gleise« mit Spurlängen von 65 bis 123 Metern durchziehen teilweise bis zu 70 Zentimeter tief die felsige Oberfläche. Daraus folgt, daß die Räder einen Durchmesser von nahezu 1,5 Metern besessen haben müssen – falls Räder die Verursacher waren, denn sie wären ja wegen der unparallel verlaufenden »Gleise« von den Achsen gebrochen. Auch Gleitschlitten oder Gleitholme scheiden aus ähnlichem Grund aus. Wie sahen also die Vehikel aus, die diese Karrenspuren verursachten? Wer hat sie benutzt? Was wurde transportiert und wohin? Die Riesenblöcke der Megalithbauten kommen als Transportmaterial nicht in Frage, da die Spuren nicht zu den Tempeln führen. Merkwürdigerweise wurden die Linien auch in großer Tiefe auf dem Felsgrund des Meeres entdeckt.

Die Mutmaßungen über diese rätselhaften bronzezeitlichen Cart Ruts reichen bis zu Landespuren außerirdischer »Götter«. Die Spekulationen des Schriftstellers Erich von Däniken über den Besuch fremder Intelligenzen schlugen lange Zeit hohe Wellen.

Weihevolle Verbindung von zyklopischer Architektur und asketischer Natur: Die Hauptfassade des Westtempels von Mnajdra (»Ausblick«) aus dem 3. bis 2. Jahrtausend vor Christi. Fruchtbarkeit und Heilung standen im Mittelpunkt der damals hier gebräuchlichen Riten.

Die prähistorischen Gleitkarrenspuren (Cart Ruts) von Clapham Junction stammen vermutlich aus der Bronzezeit (zwischen 2000 und 1000 v. Chr.).

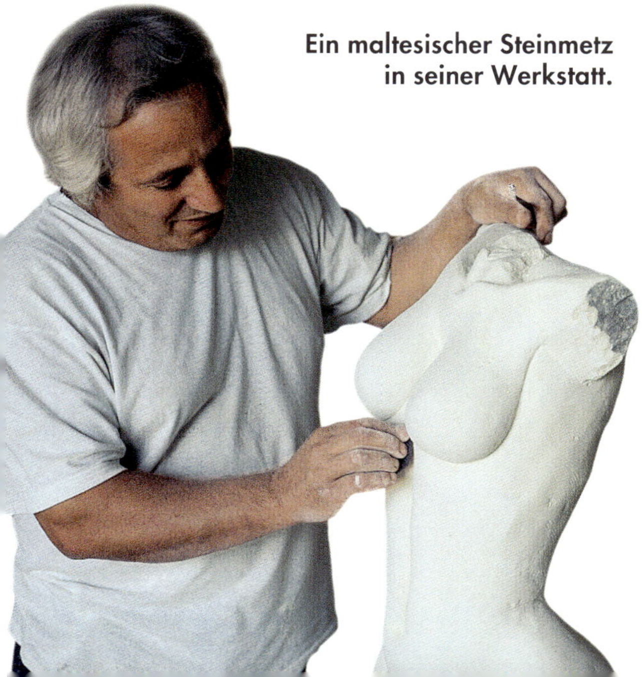

Ein maltesischer Steinmetz in seiner Werkstatt.

Grüne Oase am Meer

Im Hinterland der Dingli-Küste trifft man auf eine grüne Oase inmitten einer Landschaft, die von den Gelb- und Brauntönen des felsigen Bodens geprägt ist: Die Buskett Gardens stellen das einzige Wäldchen des Archipels dar. Eigentlich handelt es sich jedoch um einen göttlichen Hain, den eine Quellnymphe mit dem Gemurmel eines fließenden Gewässers beschenkte, das den einzigen Teich dieser Gegend füllt. Der Hain besteht aus einer Anzahl schattenspendender Bäume – welch ein Luxus auf einem Eiland, auf dem schon eine einzelne Palme ein Glück sein kann –, und es duftet wunderbar nach Orangen, die zwischen dunklem Blätterwerk leuchten. Das Wäldchen mit dem Teich und den Gärten haben, wie kann es anders sein, die Johanniter angelegt, wobei ihnen gewiß die Erinnerung an ihre ferne Heimat die Hand geführt hat, als sie auch Aleppokiefern anpflanzten. Buskett Gardens diente unter anderem der ritterlichen Ertüchtigung und Kurzweil, wie man sie mit der Jagd oder mit dem Wandeln und Tafeln unter schattigen Bäumen verbindet. Heute hat Nimrod hier seine Rechte verloren, aber gefeiert wird nach bester Malteser Art. Kindergeburtstage in großer Schar, Picknicks mit der ganzen Familie, Schulklassen auf Ausflügen und etwas abseits die Pärchen. Zum Mnarja, zu Peter und Paul (am Samstagabend, der dem 29. Juni vorausgeht), strömen Tausende von festlich gestimmten Menschen herbei, um sich gemeinsam auf einem Fest zu amüsieren: Mit Musik, Gesang und Tanz, mit Kaninchengrillen, mit Wein und Bier wird hier ungezwungen gefeiert, wie man es nur selten findet.

Indes fällt ein Schatten auf die Buskett Gardens, respektive auf den düster wirkenden Verdala Palace oberhalb der Gärten. Er wurde 1586 von Girolamo Cassar als Sommersitz für den Großmeister Kardinal de Verdala errichtet. Der Prachtbau kam jedoch in den Ruch eines Spukschlosses, denn, so heißt es, in ihm gehe der Geist einer Magd um, der Großmeister Pinto de Fonseca (1741–1773) Gewalt angetan habe. Selbst die britischen Gouverneure, obwohl mit Vorkommnissen dieser Art durch die Schauerromane ihrer großen Literatur durchaus vertraut, mochten sich im Palast nicht heimisch fühlen. Heute dient der Palast als Herberge für Staatsgäste.

Noch abweisender wirkt der Inquisitor's Palace von 1627. Zwischen Hain und Klippe in Sichtweite des Verdala-Palastes gelegen, wurde er als Sommerresidenz der päpstlichen Ketzerrichter benutzt, die auch stets Beobachter der Großmeister waren und nicht selten zu ihren Gegenspielern wurden. Der strenge Bau soll als Museum zugänglich werden, aber seine Geheimnisse wird er wahren.

Das ehemalige Spukschloß dient heute als noble Herberge für Staatsgäste: Verdala Palace (1586), über den Wipfeln der im Jahr 1570 von den Johannitern angelegten »Buskett Gardens«.

Das Zentrum

Während die eine vornehm reserviert und formvollendet ist, gibt sich die andere laut und gesellig – und sie ergänzen einander prächtig: Die beiden ungleichen Schwestern Mdina und Rabat bilden die Hauptattraktion im Landesinneren. Außer Konkurrenz, aber trotzdem sehenswert, bildet Mosta mit seiner überdimensionierten Rotunda einen weiteren urbanen Anziehungspunkt im Herzen der Insel.

Im Innenhof des auch Palazzo Falzon genannten Norman House: Der besterhaltene mittelalterliche Bau Mdinas.

Schnitzer- und Vergolderwerkstatt in Mdina.

Über den Fundamenten eines römischen Hauses aus der ersten Hälfte des 1. Jahrhunderts v. Chr. wurde 1925 in Rabat ein Museum errichtet, die Römische Villa. Besonders schön sind die im Untergeschoß des Museums erhalten gebliebenen Mosaikböden (Abbildung oben: »Allegorie des Herbstes« als gelockter Jüngling; darunter ein Detail des Mosaiks mit dem Taubenpaar).

Die St. Agatha's Katakomben in Rabat entstanden im 4. bis 6. Jahrhundert als christliche Begräbnisstätten. In der Krypta unter der nach ihr benannten Kirche soll sich die heilige Agatha auf der Flucht vor den Schergen des römischen Kaisers Decius versteckt haben.

»Città Notabile« & Co.

Höhepunkt von Malta ist Mdina – im zweifachen Sinne. Zum einen nimmt die Stadt die höchste, also strategisch vorteilhafteste Lage im Landesinnern ein, zum anderen stellt sie ein architektonisches und kulturgeschichtliches Kleinod dar. Auf der Spitze eines Bergsporns mit drei steil abfallenden Hängen erhebt sich die Stadt mit ihren hohen Mauern und Bastionen wie auf einem sternförmigen Podest aus honiggelbem Stein.

Mdina war über Jahrhunderte hinweg die Kapitale des Inselreiches. Hier residierten die Statthalter der je nach Zeitläuften verschiedenen Mächte des Archipels, hier waren sowohl der Adel und der Klerus mit dem Bischof an der Spitze als auch das wohlhabende Bürgertum ansässig. In Mdina amtierte der Inselkommandant oder Capitano im Corte Capitanale in der St. Paul's Street mit der Loggia Arengo für Proklamationen; seinem Befehl unterstanden alle Malteser zwischen 16 und 65 Jahren. Und am St. Paul's Square trat die Università zusammen, ein Gremium, das die inneren Angelegenheiten der Stadt und des Archipels im Sinne des Souveräns regelte.

Die Stadt trug den stolzen Namen »Città Notabile della mia Corona« (»bemerkenswerte Stadt meiner Krone«), den ihr der König Alfonso V. von Aragonien im Jahr 1428 als eine Auszeichnung verliehen hatte, denn mutig hielt sie den wiederholten Angriffen muslimischer Aggressoren aus Nordafrika stand, und im darauffolgenden Jahr, 1429, widersetzte sie sich sogar einer Heerschar von 18 000 Mann (die Bevölkerung auf dem ganzen Archipel zählte damals kaum mehr als 12 000 Einwohner). Der Adel verstand also sein Waffenhandwerk wie das Regierungsgeschäft.

Um so größer war die Enttäuschung, als Malta 1530 als kaiserliches Lehen an den Kreuzritterorden der Johanniter vergeben wurde. Damit ging die Führungsrolle der Stadt verloren. Wohl vermochte der ansässige Adel, mit bedeutenden Geschlechtern des europäischen Kontinents verwandt, gewisse Privilegien wie seine »Città Notabile« zu behaupten, aber sie war nun nicht mehr Sitz der Macht. Nach einem Gentlemen's Agreement blieb Mdina dem einheimischen Inseladel

Steingewordene Stadtchronik auf Schritt und Tritt: Das Normannische Haus.

vorbehalten, der Hafen wurde von den Johannitern vereinnahmt. Im Grunde hatten die seefahrenden Ritter, die ihre kostbaren Schiffe nicht aus den Augen lassen durften, für die altehrwürdige Kapitale im Landesinnern keine zwingende Verwendung. So wählten sie also Birgu auf einer Landzunge im Grand Harbour als Flottenstützpunkt.

Auf diese Weise blieb der einheimische Adel in seiner Stadt und seinen angestammten Palästen unbehelligt. Trotzdem fühlten sich die Aristokraten brüskiert, da die »herrischen« Johanniter ihren Söhnen die Ordenszugehörigkeit verwehrten. Und das, obwohl man sich zum Teil auf eine ältere Abstammung berufen konnte als manch hochgestellter Ritter.

Eine Generation später bestanden die Johanniter mit der Großen Belagerung ihren Überlebenskampf gegen die Türken – mit Unterstützung des Malteser Adels und des Volkes –, und 1571 wurde ihre neuerbaute Hafen- und Festungsstadt Valletta zur Kapitale Maltas erklärt.

In »Città Notabile«, die nun den Namen die »stille Stadt« verdiente, blieben die Uhren stehen. Die Zeit gerann zu Stein und konservierte das Gesicht der Stadt. Daß das Stadtbild noch weitere charakteristische Züge im Barockstil erhielt, bereichert Mdina zwar, aber spielt nur eine untergeordnete Rolle – die »Città Vecchia«, die »alte Stadt«, wie sie auch genannt wird, besticht vor allem durch ihre Würde und Ästhetik.

Stille Stadt, beredte Steine

Von ihrer markantesten Seite zeigt sich Mdina dem Reisenden, der sich ihr von Valletta aus nähert. Schon von weithin sichtbar über dem fruchtbarsten Landstrich Maltas, ragt sie hoch auf einer Bergkuppe über der Straße auf und empfängt den Ankömmling mit stolzer Abweisung. Ähnlich mochten auch 1530 die heranreitenden Johanniter empfunden haben. In der Dämmerung von Scheinwerfern illuminiert, erinnert diese Ansicht Mdinas eher an die abenteuerliche Märchenwelt von »Tausendundeiner Nacht«.

Erreicht man nach der letzten steilen Kurve das Hochplateau, befindet man sich nicht wie erwartet in Mdina, sondern in Rabat, einer vitalen, ausufernden Stadt von 12 000 Einwohnern. Mit ihrem alten Stadtkern, der Paulusgrotte und den Katakomben von St. Paulus und St. Agatha besitzt sie sehr sehenswerte, ehrwürdige Monumente aus frühchristlicher Zeit.

Doch zunächst findet sich der Besucher in einem Parkgürtel wieder, der auf dem einstigen Schußfeld der Batterien angelegt wurde und die Festungstadt Mdina von Rabat trennt. Bereits hier vermittelt Mdina den Eindruck von nobler Distanz, aber auch von Verschlossenheit. Die Mauern und Bastionen erscheinen selbst heute noch als uneinnehmbar. Dazu trägt auch ein tiefer Festungsgraben bei, der den Felssporn zum Inselberg macht. Über die von Trophäen flankierte Brücke gelangt der Besucher durch das mit schwerem Wappengiebel geschmückte Main Gate in die Stadt. Der Giebel zum St. Publius Square, dem Empfangsplatz an der Wache und dem Vilhena Palace, präsentiert ein Hochrelief, das die drei Schutzpatrone Mdinas vereint: St. Paulus, St. Publius und St. Agatha. Namen, die uns immer wieder begegnen werden auf einem Spazierweg entlang der Hauptstraße, der Villegaignon Street, bis zum Bastion Square am anderen Ende der Stadt.

Würde und Ästhetik: In Mdina blickt man gelassen auf eine viele Jahrtausende alte Geschichte.

Diesen Spaziergang könnte man in zehn Minuten bewältigen. Doch wer sich für alles Sehenswerte Zeit nehmen möchte, für die vielen Details, zum Beispiel bronzene Türklopfer, Wappen, Ornamente, Namensschilder, Innenhöfe und schmale Seitengassen, braucht mindestens eine Stunde – die Besichtigungen der Kathedrale, Kirchen und Museen nicht mitgerechnet. Zudem ist es auch reizvoll, die Bauwerke der Chronologie ihrer Entstehung sowie der Stadtgeschichte nach zu besichtigen.
Nirgendwo sonst findet man auf einer so kleinen Fläche eine derart vielfältige und vielschichtige Historie: Innerhalb des Bastionengürtels finden sich antike und mittelalterliche Spuren in Hülle und Fülle auf dem gewachsenen Boden, und jede Straße und Statue, jedes Mauerstück, Wappen und Gebäude, ob Palast, Kirche, Kloster, Bürgerhaus oder Festungsbau, alle haben eine eigene Geschichte zu erzählen.
Das Areal der Stadt ist seit prähistorischer Zeit besiedelt und vermutlich genauso lange befestigt. Den Ur-Maltesern folgten um 1000 v. Chr. die Phönizier, dann die Römer, die das Oppidum »Melita« mit starken Mauern umgaben. Publius, einer der Statthalter Roms, residierte in einem Palast am heutigen St. Paul's Square. Nach der Legende bekehrte ihn Paulus im Jahre 60, erhob ihn sogar zum Bischof der ersten Gemeinde, als welcher er sich die Heiligsprechung erwarb. Der erste Dom wurde über den Fundamenten der ehemaligen Hauskapelle des Publius errichtet. Um das Jahr 870 bemächtigten sich die Araber der Insel, verhielten sich den Christen gegenüber jedoch tolerant. Sie gaben dem Ort den Namen »Mdina« (»Stadt«) und verkleinerten die Fläche des römischen Oppidum, indem sie das Gebiet von Rabat abtrennten – in den Felsen wurde ein Graben geschnitten, um sich dahinter effektiv sichern zu können.

Zu Ehren von Petrus und Paulus

Merkwürdigerweise blieb der arabische Name »Mdina« trotz aller Änderungsversuche an der Stadt haften. Als der normannische Herrscher Roger I., Graf von Territorien in Kalabrien und Sizilien, 1090 Malta eroberte und zum Christentum zurückführte, wollte er die Insel von allem »Heidnischen« reinigen. Doch der Name blieb. Obwohl Roger I. auf Malta vermutlich Christen vorgefunden hatte, war der Dom der Publius-Gemeinde während der 200 Jahre andauernden Muslimenherrschaft verfallen. Sein Wiederaufbau gehörte zum Programm der Re-Christianisierung; er fiel zwar im Jahr 1693 einem Erdbeben zum Opfer, erstand aber 1702 als Lorenzo Gafàs schönste Kathedrale in vollendetem Glanz.

Der weite harmonische Domplatz (St. Paul's Square) dominiert das Zentrum der kleinen Stadt von knapp 1000 Seelen. Alle wichtigen Ereignisse finden hier statt – wenn man sie abwarten kann. Die Stille wird gelegentlich unterbrochen vom Gesang aus der nahen Schule und von Glockenschlägen, wenn es an der Zeit ist. Kinder von Touristen reiten auf den bronzenen Kanonen aus dem 17. Jahrhundert, die die Cathedral of St. Peter and Paul bewachen. Vielleicht zieht eine festliche Prozession über den Platz, oder es findet eine Hochzeit der Nobilität statt, bei der die Braut im Rolls Royce vorgefahren wird und in weißen Schleierwolken die Domstufen emporschwebt… Es gibt keinen schöneren Festplatz als den vor Gafàs edler Barockfassade.

Der überschwenglich ausgestattete Innenraum der den Aposteln Petrus und Paulus geweihten Kathedrale steht im krassen Gegensatz zur schlichten Fassade. Ein Farbrausch in Rot erwartet den Besucher. Den Boden bedecken Grabplatten mit farbigen Inkrustationen. Furiose Kuppelfresken verherrlichen die beiden Schutzpatrone. Beachtung verdienen besonders zwei Objekte: das Prozessionskreuz des Gottfried von Bouillon, das er vom ersten Kreuzzug (1096–1099) aus Jerusalem mitgebracht haben soll, sowie das Apsisfresko von Mattia Preti, das den Schiffbruch des heiligen Paulus thematisiert, die Sternstunde des maltesischen Katholizismus. Ein weiteres Prunkstück ist das mit nordischen Tiermotiven verzierte »normannische« Eichenportal. Es wurde aus den

Trümmern des durch das Erdbeben von 1693 zerstörten Vorgängerbaus gerettet und erhielt einen Ehrenplatz als Sakristeiportal (neuere Forschungen datieren es jedoch jünger).
Gegenüber dem angrenzenden Erzbischöflichen Palast, der 1722 fertiggestellt wurde, lädt das mit einem Atlanten-Portal geschmückte Kathedralenmuseum zum kurzweiligen Besuch ein. Es ist in einem ehemaligen Seminargebäude von 1733 untergebracht und überrascht unter anderem durch eine umfangreiche Gemäldesammlung. Hervorzuheben sind besonders die Druckgraphik von Albrecht Dürer sowie die Münzkollektion, die bis in die punische Ära zurückführt.
Mdina ist vom Autoverkehr (bis auf Ausnahmen) befreit. Das verdankt die Stadt nicht der grünen Bewegung, sondern den Gesetzen des mittelalterlichen Festungsbaus. Diese favorisierten enge und verwinkelte Gassen, die leicht zu verteidigen waren. Selbst auf der Haupt- und Prachtstraße, der Villegaignon Street, sollten zwei Vehikel die Begegnung vermeiden. Der Flaneur ist beim Studium der Fassaden also ungestört.
Mdina ist noch heute die Hochburg des einheimischen Adels. Man begegnet daher auf Schritt und Tritt Namen aus der Stadtchronik, wie beispielsweise der Palazzo Falzon, auch Norman House genannt, und der Palazzo Santa Sophia in der Villegaignon Street zeigen, deren Fundamente aus der normannischen Regentschaft stammen. Angesichts eines gewissen Nachholbedarfs ließen Graf Roger I. und sein Sohn Roger II., König von Sizilien, sowie Großvater Kaiser Friedrich II., vor allem Sakralbauten errichten. Die Fassaden im sizilianisch-normannischen Stil fielen jedoch dem Verschönerungsdrang der Johanniter zum Opfer und wurden barockisiert.
Ein weiteres Beispiel ist die Casa Inguanez, gleich links am Anfang der Straße: In dem Palast wohnte der Doyen der Malteser Nobilität. Er

konnte so erlauchte Persönlichkeiten wie den König von Aragonien, der 1432 Malta besuchte, zu seinen Gästen zählen. Rund 500 Jahre später weilte ein Nachfahre, König Alfons XIII. von Spanien, in dem Palast.
Die Epoche der »allerkatholischsten« Majestäten Spaniens veranlaßte eine Anzahl von geistlichen Orden, auf Malta ansässig zu werden, wie die Franziskaner (1370), Karmeliter und Benediktinerinnen (1418), Augustiner und Dominikaner (1466). Ihre Konvente, Schulen und Kirchen errichteten sie vor allem in Mdina (aber auch in Rabat) und verliehen so der Atmosphäre wie dem Stadtbild eine würdige Note. Die Jesuiten ließen sich erst unter der Ägide der Johanniter hier nieder: 1592, im Eröffnungsjahr der Neuzeit.
Das Ende der Napoleonischen Besatzung wurde in dieser Hauptstraße von nicht einmal einem halben Kilometer vorbereitet, und zwar durch die Besatzer selbst: Sie plünderten die Kirchen und wollten anschließend die »Ware« in der Karmelitenkirche versteigern. Dabei kam es zu einem Eklat, woraufhin sich die »Auktionäre« in das nahe Haus des Kommandanten Colonel Masson zurückzogen. Nachts feierten die Bürger ihren Triumph. Als am Morgen Masson Verstärkung aus Valletta holen wollte, kam es zur Konfrontation. Der Kommandant flüchtete ins Haus des Notars Bezzina (Villegaignon Street 11), der Mob drückte die Türen ein, und kurz darauf stürzte Masson vom Balkon. Daraufhin wurde die gesamte Garnison niedergemacht. So gab Mdina das Signal zum Aufstand gegen Napoleon. Das Wappen der République Française, das 1798 über dem Portal der Kathedrale angebracht worden war, wird in ihrem Museum als Andenken an die blau-weiß-rote Tyrannei aufbewahrt. Auf die französische Besatzung folgte die britische Kronkolonie.
Sitzt man im »Fontanella Tea Garden« am Ende der Hauptstraße an einem Tisch auf der Bastion, so hat man den besten Platz in Mdina gefunden. Trotz des italienischen Gartens mit dem Verrocchio-Putto, dessen zierlicher Fisch ein Fontänchen speit, ist die Atmosphäre leger, aber gepflegt englisch: »teatime« mit Gesprächen im gestochenen King's English. Man blickt über das Land, das im milden Licht des Spätnachmittags erglüht. Abends leuchten die Lichter von Valletta, der »neuen« Kapitale, und der Häfen. Dort mag der Zeitgeist die Menschen in Atem halten. Hier in der »stillen Stadt« regiert die Devise: abwarten und Tee trinken – und das Alte bewahren.

Terrakotta-Reiterfigur und Wandfriesmosaik aus der Römischen Villa in Rabat.

Schwesterstadt Rabat

Rabat ist in allem ein Gegensatz zu Mdina: dröhnender Verkehr in den Straßen und Gassen, lärmendes Getümmel an den Markttagen, schreiende Musik aus den Kneipen. Hier, inmitten des undurchdringlichen Häuser- und Straßengewirrs mit seinen vielen Läden und Geschäften, findet pulsierendes Leben statt. Doch Rabat, das sich zeitgenössisch und modern gibt, ist ebensoalt wie Mdina: Während der Römerzeit umgab ein Mauergürtel die beiden heute so ungleichen Städte.

Aus jener Epoche stammt die römische Villa, über der ein Museum mit antiken Funden errichtet wurde. Allein die herrlichen Bodenmosaiken sind einen Besuch wert.

Am südlichen Ende der St. Paul's Street befindet sich die St. Paul's Grotto. Daß die Grotte unter Lorenzo Gafàs stattlicher St. Paul's Parish Church (1683) dem Apostel als Elendsasyl gedient haben soll, darf man getrost bezweifeln. Er war keineswegs verfolgt worden, sondern selbst beim Gouverneur Publius ein geachteter Gast. Auch die nach dem heiligen Paulus benannten Katakomben in der St. Agatha's Street haben zum Apostel keinen direkten Bezug, stammen sie doch aus dem 4. bis 5. Jahrhundert. Die große Haupthalle der St. Paul's Catacombs weist an jedem Ende einen Agape-Tisch auf (Agape = Liebesmahl). Es wird vermutet, daß auf ihnen Speisen für die Toten arrangiert wurden. Die Agatha-Katakomben in der St. Agatha's Lane entstanden im 4. bis 6. Jahrhundert als christliche Begräbnisstätten. Die Heilige soll hier nach ihrer Flucht aus Catania gelebt haben. Bemerkenswert sind frühchristliche Freskenreste.

Rabat weiß sich seiner ehrwürdigen Tradition verpflichtet und begeht die Feste der Heiligen mit tiefer Andacht und düsterem Pomp, um dann schließlich wieder zum lärmenden Alltag überzugehen. Einer der festlichen Höhepunkte des Jahres rückt die beiden schwesterlichen Städte für einen Tag etwas näher zusammen: Das Fest Mnarja, der katholische Festtag Peter und Paul, der am 29. Juni gefeiert wird. Am Nachmittag findet auf dem Saqqaja Hill in Rabat ein traditionelles Pferderennen statt, und da muß einfach jeder dabei sein. Die Bezeichnung »Mnarja« setzt sich zusammen aus »Mdina« und »Luminaria« (Beleuchtung) und erinnert daran, daß die alte Hauptstadt im Mittelalter an jenem Tag in einer feierlichen Festbeleuchtung erstrahlte.

Die Rotunda von Mosta

Obwohl Mosta nicht auf eine so weit zurückreichende Stadtgeschichte wie ihre Nachbarstädte Mdina und Rabat zurückblicken kann, hat der Ort eine Attraktion aufzuweisen, die Anziehungspunkt für viele Maltabesucher ist. Wie eine gebieterische Landmarke erhebt sich eine gigantische Kuppel über Mosta und verleiht dem Agrarstädtchen mit seinen etwa 8000 Einwohnern und dem weiten Umland Signifikanz: Die Kuppel von Santa Marija Assunta, die von den Maltesern auch Rotunda genannt wird, ist die größte Kuppel auf Malta. Die mächtige Rundkirche entstand zwischen 1833 und 1860 auf Initiative opferbereiter Gläubigen. Sie sparten sich die Baugelder vom Mund ab und mauerten mit eigenen Händen das Monumentalgebäude um das alte Pfarrkirchlein hoch, das schließlich abgetragen wurde. Die Architektur ist dem Pantheon in Rom verpflichtet, sprengt jedoch alle Dimensionen: Die Rotunda hat einen Durchmesser von 52 Metern, die Höhe zwischen Boden und Scheitelpunkt beträgt schwindelerregende 60 Meter. Die Kirchenchronik vermeldet ein Wunder aus dem Zweiten Weltkrieg, da während der Messe eine Fliegerbombe die Kuppel durchschlug, sich in den Grund rammte, aber nicht explodierte. Der gewichtige Blindgänger ist in der Sakristei zu besichtigen. Von der Ausstattung sind die Wandbilder erwähnenswert, die das Leben Christi schildern. Im Zentrum steht indes die Marienstatue, die durch großzügige Spenden der dankbaren Gläubigen kostbar gefaßt wurde.

Das lebendige Städtchen wurde im Krieg durch Bombardements schwer beschädigt, die angeblich dem einen Kilometer entfernten britischen Fliegerhorst Ta' Qali galten. Die heute für zivile Zwecke genutzte ehemalige Militär-Airbase entwickelte sich zur Domäne des Kunsthandwerks.

Über den östlichen Höhenzug der Victoria Lines, auch The Great Fault (großer Wall) genannt, bauten die Briten eine Verteidigungslinie, um das Zentrum Maltas vor Angriffen möglicher Landungstruppen abzuschirmen. Doch außer dem Versuch eines italienischen Torpedobootkommandos, das in den Grand Harbour von Valletta eindringen wollte, ist nie ein direkter Angriff von See erfolgt. Einige Stellungen der Victoria Lines haben sich bis heute erhalten, wie die Forts Mosta bei Misrah Ghonoq, Madliena an der Nordküste und Bingemma bei Nadur. Man blickt über ein stilles, afrikanisch wirkendes Land, in dem ein Windrad, das Wasser hochpumpt, manchmal die einzige Belebung ist und ein Bauer, der Zwiebeln erntet, wie eine Sensation wirkt. In Erinnerung bleiben vor allem die blendenden Mauern und der gleißende Himmel.

Etwa 12 000 Menschen finden in der Rundkirche von Mosta Platz, die nach den Plänen des maltesischen Baumeisters Grognet de Vassé errichtet wurde.

VIRGINI · SYDERIBVS · RESTITVTAE · T · H · MVSTENSES · FF · A · S · M · CCM · LVII

Der hügelige Nordwesten

Wie onduliert wirkt der Nordwesten der Insel: Fünf Höhenzüge, von West nach Ost ansteigend, formen in parallelen Wellen das dünnbesiedelte Gebiet. Das afrikanisch anmutende Agrarland kann an seinen Küsten mit einer Reihe schöner Strände aufwarten, an denen sich einige Dörfer zu Tourismuszentren entwickelten. An der Nordspitze liegt der Fährhafen Cirkewwa, der für die Verbindung zu den Nachbarinseln Gozo und Comino sorgt. Die Attraktion des Nordwestens ist indes die malerische St. Paul's Bay, wo sich der Apostel Paulus der Legende nach als Schiffbrüchiger an Land retten konnte.

Einen der längsten und schönsten Sandstrände von Malta findet man in der Mellieha Bay.

An der Anchor Bay, etwa drei Kilometer nordwestlich von Mellieha, liegt Popeye Village. Die bunt bemalte Filmkulisse für Robert Altmans Comic-Verfilmung mit Robin Williams in der Hauptrolle ist seit Abschluß der Dreharbeiten im Juni 1980 eine Touristenattraktion.

HOTEL
HOTEL

Sonnenuntergang in der Golden Bay: »So sag ich: der Himmel und alles darunter / Wechselt die Form, auch die Erde und alles, was sich hier befindet, / Auch wir selber, ein Teil der Welt; denn nicht allein Körper / Sind wir, sondern auch Seelen, beschwingte ...« (Ovid, Metamorphosen)

Geschichte und Geschichten

Ländliche Ruhe: Mgarr mit seiner mächtigen Kuppelkirche.

Ein leichter Wind weht über die St. Paul's Bay, der rasch zum Sturm auffrischen kann. Einer dieser unzähligen Stürme machte Geschichte, auch wenn es unter den Bibelforschern manchen ungläubigen Thomas geben soll. Der Schiffbruch des Apostels Paulus und sein Wirken hierzulande ist ein unumstößliches Faktum, das zur Identität Maltas ebenso gehört wie das Meer, der Fels und das katholische Bekenntnis. Denn Paulus, so verbürgt es die Bibel, brachte das Christentum nach Malta. Was geschah? Im Jahre 60 fegte ein Unwetter das römische Schiff, das den gefangenen Apostel nach Rom vor Gericht bringen sollte, in Richtung Malta, wo es vor einer Bucht, der heutigen St. Paul's Bay, auf Grund lief und zerbarst. Der Apostel, Mitgefangene sowie die römische Schiffsbesatzung und andere Passagiere konnten sich retten. »Und da wir gerettet waren, erfuhren wir, daß die Insel Melite hieß.« Dieser eherne Satz in der Apostelgeschichte (28,1) hat Malta für ewig in der Heiligen Schrift verankert.

Die freundlichen Malteser zündeten ein Feuer an, damit die Schiffbrüchigen sich wärmen konnten, zumal es regnete. Als Paulus ein Bündel Reisig nachlegte, biß sich eine Otter in seiner Hand fest. Die Leute sagten, er müsse ein Mörder sein, da der Rachedämon ihn noch immer verfolgte, obwohl er gerade dem Meer entkommen sei. Aber Paulus schleuderte das Reptil ins Feuer, und als er nicht tot umfiel, meinten die abergläubischen Insulaner, er müsse ein Gott sein. Daraufhin brachten sie Paulus größten Respekt entgegen. Der Apostel heilte den Vater des römischen Statthalters Publius, der in jener Gegend ein Landhaus besaß, und auch einheimische Kranke faßten daraufhin Vertrauen zu Paulus und ließen sich von ihm behandeln; die bei Bur Marrad auf römischen Fundamenten gegründete Kapelle San Pawl Milqhi, was »Willkommen Paulus« bedeutet, erinnert an den Ort, an dem der Apostel Publius zum erstenmal begegnete. Nach drei Monaten wurde der Apostel mit großen Ehren verabschiedet und auf ein Schiff gebracht, das ihn nach Rom bringen sollte. So weit die Apostelgeschichte des Lukas'…

Es gilt jedoch als überliefert, daß Paulus die ersten Malteser taufte und den Römer Publius zum ersten Bischof einer Gemeinde erhob. Dem Apostel wurde als Glaubensbringer und Inselpatron vor der Bucht auf der kahlen St. Paul's Island eine weithin sichtbare weiße Statue errichtet, die stets von Seevögeln umflogen wird. Abends, wenn an den Ufern unzählige Lichter aufleuchten, scheint die gesamte St. Paul's Bay den Namen des Heiligen zu feiern. Am Morgen vergoldet jedoch die Sonne die Küste mit ihren Stränden, und in den neuen Hochburgen des Tourismus, wie St. Paul's, Bugibba, Qawra und Mistra Village, beginnt für Urlauber aus aller Welt ein weiterer Tag des Dolce vita – für die Malteser ein neuer Arbeitstag.

Wer neue Eindrücke sucht, der statte den Salzpfannen in der benachbarten Salina Bay einen Besuch ab oder wandere über die herrlich bukolische Höhenlandschaft nördlich des Selmun Palace in Richtung Mellieha. Das wehrhafte Schloß, ein Beispiel stil-

In den Römischen Bädern bei Mgarr.

Der Selmun Palace wurde im Auftrag einer Bruderschaft errichtet, die christliche Sklaven von den Osmanen freikaufte.

reiner Inselarchitektur des 18. Jahrhunderts, wurde von Domenico Cacchia im Auftrag einer Bruderschaft errichtet, die sich die löbliche Aufgabe gestellt hatte, christliche Galeerensklaven gegen Lösegeld aus den türkischen Frondiensten freizukaufen. Hier oben wandert man an üppigen Gärten entlang, die trotz sparsamster Bewässerung gedeihen, und gelangt zu einem schütter bewachsenen Plateau, das außer Spaziergängern, die die faszinierende Fernsicht genießen, nur von herrenlosen Ziegen goutiert wird. Nach dem Abstieg zu einer verwunschenen Bucht wird ein Bad im Meer zum erfrischenden Erlebnis.

Eine Fahrt durch die Zeit

Ein Erlebnis ganz anderer Art ist eine Reise durch die Zeit – von der Jungsteinzeit bis in die Gegenwart. Den Ausgangspunkt bildet zum Beispiel das Sanktuarium Skorba bei Zebbieh. Es wurde erst in den 60er Jahren freigelegt und gilt mit seiner Datierung ins 4. Jahrtausend als eines der ältesten Zeugnisse des Magna-Mater-Kultes aus der Megalithkultur. Obwohl die Monumente von Hgar Qim und Mnajdra eindrucksvoller sind, halten Archäologen Skorba für die wahrscheinlich älteste Siedlung auf Malta, denn Funde, die im Archäologischen Museum in Valletta besichtigt werden können, weisen bis ins 5. Jahrtausend zurück. Heute erscheint Skorba freilich kaum anders als ein trockener Landflecken wie jeder andere in dieser Gegend.

Von Skorba ist es nur ein Katzensprung zum benachbarten Mgarr, wo diejenigen, die sich für die Geheimnisse der Megalithkultur interessieren, einen Blick auf die Relikte zweier Tempel werfen können. Der Komplex Ta Hagrat wurde in den 20er Jahren des 20. Jahrhunderts freigelegt und wird dem Neolithikum zugeordnet. Auch diese archäologischen Stätten sind für die Entwicklungsgeschichte der Megalithkultur aufschlußreich.

Jüngeren Datums sind die Relikte der Römischen Bäder bei Ghajn Tuffieha, die zum Landhaus eines Römers gehörten. Mosaikfußböden, die durch die Hilfe der UNESCO restauriert wurden, Mauerreste von Becken sowie eine Gemeinschaftslatrine bilden die noch zu besichtigenden Höhepunkte der Anlage. Die von einem Ritterturm gekrönte Küstenlandschaft der Ghajn Tuffieha Bay an der Westküste bietet ein grandioses Naturerlebnis – und stellt auch eine Trumpfkarte des Tourismus dar: Der Sandstrand der Golden Bay ist goldgelb und gilt als einer der schönsten auf Malta. Bei starkem Seegang sollte man sich jedoch nicht zu weit von ihm entfernen. Das Hotel »Golden Sands« erweist sich auch bei schlechtem Wetter als gastronomische Bastion für Strandgäste.

Einige Kilometer weiter nördlich findet sich eine Attraktion neueren Datums, die Kinderaugen leuchten läßt: Popeye Village an der Anchor Bay.

Hollywood goes Malta: Im Popeye Village, Kulisse für Robert Altmans Film.

Bereits Generationen von Kindern hat Popeye der Seemann, die Comicfilmfigur, die dank Spinatkonserven die größten Unholde bezwingt, beglückt. Für die Hollywoodproduktion, bei der Robert Altman die Regie hatte, wurde 1979 ein ganzes Bretterdorf inklusive skurriler windschiefer Spelunken und Läden als Kulisse zusammengezimmert. Besuchern, großen wie kleinen, stehen Kneipen und Snackbars zur Verfügung – und natürlich ein Kino, in dem Popeyes Abenteuer gezeigt werden.

Die Katzen von Malta

Mein englischer Nachbar, gerade von einem Segelturn rund um Malta zurückgekehrt, hatte die Tischgesellschaft bereits lange mit seinen Erlebnissen unterhalten. Als er hörte, daß ich die Insel bereist hatte, fragte er: »Haben Sie auch diese merkwürdigen Katzen gesehen?« und begann eine neue Geschichte: Eines Abends beim Dinner auf der Terrasse eines wegen seiner Fischgerichte beliebten Restaurants am Hafen von Marsamxett bemerkte er am Strand eine Schar streunender Katzen. »Was ist so Besonderes daran?« fragte ich. »Warten Sie's ab. Es war fast Nacht, doch der Vollmond schien, und die Lichter der Restaurants beleuchteten die Szene. Die Katzen schritten wie auf Zehenspitzen ins nasse Element – was bekanntlich ihr Todfeind ist. Sie fixierten die glatte Wasseroberfläche, um dann plötzlich mit einem Prankenschlag einen Fisch aufs Trockene zu schleudern. Sie sprangen ihn wie eine Maus an und verspeisten ihn. Ich kann's noch immer nicht glauben: Katzen im Wasser!« Das Erstaunliche an ihnen seien wohl die überlangen Beine. Die hätten die Malteser Katzen über zig Generationen zum Fischen im flachen Gewässer entwickelt. Und der Skipper fragte mich nochmals, ob ich das bestätigen könne. – Was die langen Beine betraf, so hatte ich keinerlei Bedenken…

Musterstrand an der Mellieha Bay

In engen Kehren windet sich die Straße zur Mellieha Ridge hinauf, um vorbei an einer Häuseransammlung aus weißgelben Steinen auf der anderen Seite der Berge wieder hinunter zur Bucht zu führen. Das Städtchen Mellieha mit seinen etwa 4200 Einwohnern thront auf dem Bergkamm, während moderne Hotels die Straße dicht am langen Sandstrand säumen. Hier heißt es, Vorsicht walten lassen, denn Autofahrer und Urlauber müssen sich die stark frequentierte Straße teilen: Sonnenbadende liegen nahe am Asphalt, Volleybälle rollen manchmal über die Fahrbahn, und Kinder sind in ihre Eistüten vom Kiosk über der Straße vertieft. Der Strand ist in der Hochsaison wahrlich ein Ausbund an Strandleben, bis hin zu Parachute-gliding. Doch die Bucht mit ihrem blauen Wasser ist so herrlich weit und der Blick auf das glitzernde offene Meer so faszinierend, daß man gerne bereit ist, die wenigen Wermutstropfen zu schlucken.

Der Strand von Mellieha ging in die Geschichte der Insel ein: Die Gemeinde, 1436 gegründet, wurde im 16. Jahrhundert von den Johannitern kurzerhand evakuiert, da sie von Piraten über den flachen Sandstrand zu leicht überfallen werden konnte. Und während der Großen Belagerung landete hier am 6. September 1565 die nur 8000 Mann starke Entsatztruppe aus Sizilien, die die türkische Armee veranlaßte, Malta panikartig zu räumen – und das, obwohl sie noch über mindestens 20000 Mann verfügte. Noch einmal sah die Bucht eine starke Streitmacht: Als Napoleon 1798 Malta im Handstreich nahm, landeten seine Truppen an der Mellieha Bay und an vier weiteren Stränden.

Die Wiederbesiedelung der Ortschaft Mellieha setzte erst im Jahr 1841 ein, als keine feindlichen Angriffe mehr zu befürchten waren. Seit dem Frieden von Paris, im Jahr 1814, regierten die Briten als offizielle Kolonialherren die Insel, und zudem beherrschte ihre Flotte das Mittelmeer.

Mit dem Bau von Hotels und Apartmentanlagen hat die Entwicklung des Städtchens gewiß einen neuen Höhepunkt erreicht. Noch dominiert die imposante Erscheinung der neobarocken Pfarrkirche (1897). An Bedeutung wird der Prunkbau allerdings übertroffen von der unterhalb gelegenen bescheidenen Wallfahrtskirche St. Marija. Sie wurde im 4. Jahrhundert in den Fels gebaut und gehört zu den ältesten Gotteshäusern Maltas. Nach der Legende malte der Evangelist Lukas, der Paulus begleitete, das als wundertätig verehrte Marienbild auf die Felswand. Eine vielfältige Kollektion an Votivgaben schmückt die Sakristei. Im alten Ortskern konnte sich noch ein wenig von der Romantik vergangener Zeiten erhalten, über die man auf dem Kirchplatz im Schatten der Bäume nachsinnen kann, während ein eiskalter Drink die Lebensgeister erfrischt.

Reisende, die nach Gozo übersetzen möchten, fahren zum Fährhafen Cirkewwa bei Marfa Point an der Paradise Bay, die neuerdings mit einem Hotelkomplex aufwarten kann, der sich zu einem Synonym für paradiesischen Urlaub mausern könnte. Die Halbinsel Marfa Ridge liegt wie ein Schlachtschiff an der Nordwestspitze Maltas und ist über eine Landbrücke wie über eine Gangway zu erreichen. Während der britischen Kolonialzeit wurden hier Festungswerke angelegt, die an vielen Stellen überdauerten. Vom Roten Wachturm der Johanniter aus genießt man einen grandiosen Blick auf das Städtchen Mellieha und die gleichnamige Bucht. Die Aussicht weitet sich zum Panorama, wenn man einen Abstecher zur Statue der Madonna auf dem nordöstlichsten Kap der Bay macht: Von dem kleinen, 44 Meter hohen Bergkegel kann man über die Bucht bis zur St. Paul's Island und weiter sehen. Zur Badepause laden die Armier Bay und die Ramla Bay ein. Doch im Nordwesten locken in greifbarer Nähe schon die nächsten Ziele: Gozo und Comino. Die Fähre von Cirkewwa fährt stündlich.

Blick über das glitzernde Meer: An der Mellieha Bay.

Gozo und Comino

Die beiden kleinen Nachbarinseln von Malta führten bis in die achtziger Jahre ein Schattendasein im Maltesischen Archipel – und im Vergleich zur rasanten Entwicklung mancher touristischer Ziele auf der Hauptinsel stehen sie immer noch abseits. Doch mittlerweile haben Urlauber aus aller Welt Gozo für sich entdeckt, denn die »grüne Insel« bietet malerische Buchten, schöne Badestrände und idyllische Beschaulichkeit inmitten einer üppigen Vegetation. Auch die Schar der zumeist sportiven oder sonnenhungrigen Verehrer des kleinen Eilands Comino wächst ständig.

Gozo bei Nacht: Die Westfassade der Kathedrale in Victoria (1697–1711).

Blick von Ta' Cenc über die Terrassenfelder von Gozo und das Meer bis zur Nachbarinsel Comino.

In Xlendi, etwa drei Kilometer südwestlich von Victoria, auf Gozo.

17

SUUM
Cant.

Das perspektivische Deckengemälde des sizilianischen Künstlers Antonio Manuele in der Kathedrale von Victoria auf Gozo vermittelt dem Betrachter die Illusion einer Kuppel auf flachem Grund.

Ausgewaschener
Kalksteinfelsen
an der Nordküste von
Gozo bei Qbajjar.

Steilküste im Westen von
Comino mit dem Comino Tower.

Grüne Insel, karges Eiland

Gozo und Comino trennt die Wasserstraße North Comino Channel, die an engster Stelle nicht einmal einen Kilometer breit ist. Die beiden Inseln miteinander zu vergleichen, wäre ungerecht, denn sowohl in Größe als auch Gestalt gehören sie verschiedenen Klassen an – man vergleicht eine Domstadt auch nicht mit einer Einsiedelei. Gozo ist mit seinen 67 Quadratkilometern etwa 22mal größer als Comino, aber nur ein Drittel so groß wie Malta. Gozo zählt 24000 Einwohner, das winzige Comino meldet nur drei; selbst wenn die beiden Hotels voll belegt sind, könnten vorübergehend wohl bestenfalls 500 Menschen das Eiland bewohnen. Daß man sich dennoch auf Comino wohlfühlen kann, steht auf einem anderen Blatt. Auch auf Gozo sind weite Land- und Küstenstriche von einer fast unwirklichen Stille, wäre da nicht der Wind mit allen seinen unterschiedlichen Spielarten…

Traditionelles Handwerk in einer Glasbläserei in Gharb, im Nordwesten von Maltas Nachbarinsel Gozo.

Ziel: Insel Gozo

Während sich Malta des heiligen Paulus als prominentestem Gast rühmt, steht Gozo, zumindest was den Bekanntheitsgrad betrifft, mit Odysseus kaum nach. Doch Odysseus' Irrfahrt nach Ithaka, auf der er hier bei der Nymphe Kalypso Station machte, fand früher statt. Wie der Apostel war auch er ein Schiffbrüchiger. An beide wird der Reisende ängstlich denken, wenn bei stürmischem Wetter die überfüllte Fähre von Cirkewwa ablegt. Die Malteser und Gozitaner indes haben sich schnell mit ihrem Großgepäck eingerichtet und nehmen vom Aufruhr der Elemente kaum Notiz. Die Überfahrt, in weitem Abstand zu Comino, dauert nur eine gute halbe Stunde – und dennoch kann man es kaum erwarten, bis das von den Johannitern erbaute Fort Chambray näherrückt und das Schiff endlich in Mgarr festmacht.

Vom ehemaligen Fischerhafen zeugen die bunten Holzboote auf dem Strand. Konkurrenzfähig sind jedoch nur noch die größeren Fangboote am Fährhafen, die aber bei stürmischem Wetter auch nicht ausfahren. Die dichtbelegten Liegeplätze für Segel- und Motoryachten und die Batterien von Apartmentsiedlungen auf den Klippen bezeugen, daß auch Gozo vom Fremdenverkehr entdeckt wurde. Wer sich auf Gozo, einer elliptischen Landmasse von maximal 14 Kilometern Länge und sieben Kilometern Breite, umsehen möchte und nur einige Tage zur Verfügung hat, sollte in Mgarr einen Leihwagen mieten, der unabhängig macht. Badepausen und Einkehren sind auf den Exkursionen nahezu unverzichtbar. Besucher, die länger bleiben, können sich, mit Victoria/Rabat als Drehscheibe, durch Busfahrten die Insel erschließen.

Victoria, die Siegreiche

Portal der St. Augustine Church in Victoria.

Bougainvilleen ergießen ihre leuchtende Blütenpracht über Mauern, an terrassierten Hängen wird Gartenbau betrieben, und unter knarrenden Windrädern bestellen Männer und Frauen mit tiefgebeugtem Rücken über der ockerfarbenen Krume kleine Felder. Die Früchte des Fleißes sind Obst, Gemüse, Getreide, Klee, Wein, Auberginen, Zucchini, Kürbisse… Die Feldhacke des Bauern wie die Reuse des Fischers sind es wert, einen Platz im Wappen Gozos einzunehmen, denn Landwirtschaft und Fischerei sind noch immer die Säulen der Gozitaner Ökonomie.

Auf der Fahrt nach Victoria leuchtet uns eine der größten Kuppeln Europas entgegen. Sie gehört indes nicht zur Kapitale der Insel, wie man zunächst vermutet, sondern zu Xewkija. 1972 wurde Santa Maria della Salute fertiggestellt. In ihren Ausmaßen wird sie nur noch von St. Peter in Rom und St. Paul in London übertroffen.

Die Hauptstadt Victoria erhebt sich auf einem Hügel im Zentrum von Gozo und thront wie eine Siegerin über der Insel. Ihre Krone ist die Zitadelle, die jedoch nicht verhindern konnte, daß 1551 Dragut, der Pirat in türkischen Diensten, die Insel überfiel, sie

Innenraum der St. George Church in Victoria.

ausplünderte und die Mehrheit der Bewohner in die Sklaverei verschleppte. Nachdem die Kreuzritter die Große Belagerung Maltas im Jahr 1565 abgewehrt hatten, wurde die Festung verstärkt.

Das Stadtbild wird von der Kathedrale dominiert, die der Jungfrau Maria geweiht ist. Ein hohes maßvolles Barockschild bildet die Fassade, der Glockenturm ragt als stämmige Vierkantsäule empor. Das imposante Deckengemälde im Innenraum ist ein Beispiel perfekter Illusionsmalerei, indem es auf flachem Plafond eine gewaltige Kuppel vortäuscht. Die Ausstattung zeichnet sich durch prachtvolle, verhalten glühende Farbtöne aus. Die Gebärden der Heiligen drücken volle Emphase aus. Als Lorenzo Gafà 1697 mit dem Bau der Kirche begann, ahnte er nicht, daß sie 1864 zur Kathedrale des Bistums Gozo erhoben werden würde, sonst wäre sie wohl noch spektakulärer ausgefallen. So ist Bescheidenheit ihre Zier. Nie wird das deutlicher als am Karfreitag, wenn die Prozession mit den Passionsfiguren in die Kathedrale einzieht: ein düsteres barockes Schauspiel, aber auch ein Bekenntnis frühchristlich anmutender Gläubigkeit.

Auf den Mauern der Zitadelle

Auf dem Mauerkranz der Zitadelle spazierenzugehen, die Nahsicht über die Altstadt und die Fernsicht über Land und Meer zu genießen gehört zu den schönsten Eindrücken Gozos. Das Panorama zeigt sich in milden Pastellfarben: Die vielfach gestuften Gelbtöne der Häuser im heimischen Naturstein, die zarten Grün- und Braunschattierungen der terrassierten Felder, das duftige Blau des Meeres und das Himmelsblau, das in der Aureole der Sonne zu Weiß verglüht.

Mittags auf der Zitadelle weht ein Hauch von Zeitlosigkeit über dem Ort, Äonen fügen sich wie Wochentage aneinander. Auf dem schönen Platz vor der Kathedrale, auf dem an Festtagen die Gläubigen zur Madonnenstatue pilgern, erhob sich einst ein Tempel, in dem die Römer ihre Himmelskönigin Juno verehrten, die im älteren Kult der Griechen Hera hieß. Hier war es, wo die Phönizier oder Punier ihrer Astarte huldigten, der Fruchtbarkeits- und Kriegsgöttin von den Gestaden des Orients. Und hier befand sich vermutlich auch ein jungsteinzeitliches Heiligtum der Großen Mutter. Ein Schlangenrelief ihres Kultes, gefunden im Tempel Ggantija, wird in dem naheliegenden kleinen, aber exquisiten Archäologischen Museum präsentiert. Es ist in der Casa Bondi an der St. Michael Bastion untergebracht und zeigt Relikte der wechselvollen Geschichte Gozos.

Schon der Inselname dokumentiert eine bewegte Kulturgeschichte: Ob Gozo mit Homers Insel »Ogygia«, dem »Nabel des Meeres«, identisch ist? Im Altertum glaubte man das, und der griechische Einfluß ist verbürgt. Die Phönizier nannten das Eiland »Gwl«, die Griechen »Gaulos« und die Römer »Gaulus«. »Ghawdex« (sprich »Audesch«) sagten die Araber, die Spanier »Gozo« (»Freude«). Die Gozitaner griffen auf die arabische Form zurück: »Ghaudex«. Und auch ihre Kapitale nennen sie nach wie vor »Rabat«, obwohl diese 1897 von den Briten den Namen der Königin Victoria bekommen hatte. Was haben wir, mochten sie gedacht haben, mit jener fremden Queen zu schaffen?

Der Kern der Zitadelle, die auch »Gran Castello« genannt wird, besteht aus vielen einst hoheitlichen Gebäuden wie beispielsweise dem Governor's Palace und den Courts of Justice, dem Bishop's Palace sowie dem Old Prison. Das Folklore Museum dokumentiert die gozitanische Liebe zur Tradition mit alten Gerätschaften und Werkzeugen, mit Klöppelspitzen und Kunsthandwerk. Die Waffenkammer (Armory) erinnert an die düstere Geschichte der Fluchtburg, die der Pirat Dragut 1551 wie eine Nuß knackte. Auf dem Rundgang säumen Ruinen die Gassen.

Von der stärksten Bastion der Zitadelle blickt man über verwitterte Kanonen auf die Unterstadt, genaugenommen auf den urbanen Independence Square oder It-Tokk. Das Gebäude der Banca Ciuratale vis-à-vis der Kirche St. James wurde 1733 erbaut und war einst der Palast der Inselregierung. Wenn vormittags auf dem Platz Markt ist, geht es hier so laut zu wie auf einem Basar.

»Il Borgo«, die Altstadt mit ihren pittoresken Gassen, erstreckt sich hinter St. George und besitzt das Flair eines historischen Viertels. Die überkuppelte Basilika, 1673 erweitert und barockisiert, ist einen Besuch wert. Der Innenraum schwelgt in Rot und Gold, und der Altarbaldachin nach dem Vorbild des Bellinischen Meisterwerks im vatikanischen Dom bildet einen Höhepunkt. Das Altarbild mit dem ritterlichen Schutzheiligen schuf Mattia Preti.

Relikte des Mutterkultes?

Warum gewisse Topographien mit einer besonderen Heiligkeit verbunden wurden, ist noch immer eine ungelöste Frage. Stonehenge, der urgeschichtliche Steinkreis in Südengland, oder die Steinalleen im bretonischen Carnac wurden beispielweise nach kosmischen Direktiven errichtet. Das Hochplateau von Xaghra galt vermutlich vor Jahrtausenden als ein besonders geweihter Ort, denn hier befanden sich außer Ggantija noch weitere Sanktuarien. Und aus welchen Gründen auch immer, die Eingänge des großen wie des kleinen Tempels von Ggantija weisen nach Osten – wie der Hauptaltar in den christlichen Gotteshäusern.

Ggantija ist die umfangreichste, größte und eine der ältesten megalithischen Tempelanlagen des Archipels. Der Sage nach trug die Riesin Sunsuna die mächtigen Blöcke – sechs Meter hoch und 45 Tonnen schwer – von Ta' Cenc im Süden der Insel herbei und baute die Anlage innerhalb eines Tages und einer Nacht; dabei hatte sie immer ihr Baby an der Brust. In der Tat wundert man sich angesichts des gigantischen, rohen Mauerwerks, das auch für die moderne Bautechnik eine Herausforderung darstellen würde, wie es vor 5500 Jahren errichtet werden konnte, zumal es vermutlich noch ein Dach besessen haben dürfte. Der Grundriß folgt dem Muster der axial angelegten bauchigen Apsiden, die Blättern gleichen. Der größere Südtempel, mit einer Länge von 30 Metern, weist fünf dieser »Blätter« auf, ein »Stiel« bildete den Zugang zum Tempel sowie die Verbindung zwischen den Apsiden. Beim kleineren Nordtempel ist die Mittelapsis (das Chorhaupt) nur sehr flach ausgeformt. Man gewinnt den Eindruck, die Apsis stellte eine Grundzelle dar, und das Heiligtum entstand durch eine Art Zellvermehrung. Hinweise auf das Subjekt der Verehrung wurden in Ggantija nicht beziehungsweise noch nicht entdeckt. Es existiert allerdings ein Dokument aus dem 18. Jahrhundert, in dem ein Gozitaner ein unterirdisches Gangsystem beschreibt, dessen Eingang bis jetzt verborgen blieb. Daß auch hier jene Ur- oder Erdmutter verehrt wurde, deren Kult auf der Hauptinsel durch Funde belegt ist, wird nicht bezweifelt.

Die Volkssage vermutet richtig, wenn sie die Herkunft der Bausteine für die Tempelanlage von Ggantija mit Ta' Cenc angibt. Im Sonnenlicht goldgelb leuchtende, schwindelerregende Klippen fallen bis zu 150 Meter tief senkrecht ins Meer ab. Auch hier befinden sich ein steinzeitliches Heiligtum sowie Dolmen und jene rätselhaften, mythenumrankten Gleitkarrenspuren (Cart Ruts), die über den Klippenrand ins Nichts weisen.

Jahrtausende alte Reste des Megalithtempels von Ggantija.

In der Nähe von Sannat führt von der Hotelanlage »Ta' Cenc«, die von dem Lanzarotiner Künstler César Manrique sensibel in die Landschaft eingefügt wurde, ein Spazierweg zu den Sehenswürdigkeiten. Die Bauform der Trullos des Hotels, die hier als Bungalows dienen, ähneln den runden prähistorischen Feldsteinhäusern, wie sie auf Malta noch anzutreffen sind. Unterhalb von Ta' Cenc führt eine schmale Straße hinab zu einem kleinen Fischerhafen und zum herrlich klaren Wasser…

Xlendi, ein Fischernest an der steilen Südküste, avancierte zum Stützpunkt des Gozo-Tourismus. Die Restaurantküchen kochen noch gozitanisch. Der junge Gozo-Wein wird kalt serviert (und sollte nicht zu rasch getrunken werden). Wer das gute weiße Brot lobt, der ist immer willkommen. Die Buchten bieten selbst in der Hochsaison noch genügend beschauliche Plätzchen, und das Wasser muß jenem gleichen, aus dem einst der Legende nach die schaumgeborene Göttin ans Ufer schwebte. Auf dem mächtigen Fungus Rock (Pilzfelsen) an der Westküste wuchs einmal ein schwarzes Pilzgeflecht in der Brandung, dem eine blutstillende Wirkung nachgesagt wurde. Möglicherweise besaß es diese zwar niemals, doch die Johanniter glaubten trotzdem fest an sie. Und da für einen verwundeten Ritter nichts wichtiger war, als sich wieder in den Kampf stürzen zu können, sicherte sich der Orden das Pilz-Monopol für seine Lazarette. Der Fungus Rock oder Il-Gabla tal-General (Generalsfelsen), wie die Einheimischen sagen, war daher für gewöhnliche Sterbliche nicht zugänglich, und Übertretungen wurden scharf geahndet. Ein Wachturm, der Qawra Tower, sicherte den ohnehin nur schwierig zu erreichenden Felsen.

Wundergläubige könnten meinen, die Heilkraft des sonst wohl unbekannten Pilzes *Fungus gaulitanus*, auch *sucus cossineus melitensis* genannt, war an die Gegenwart der mutigen Ritter gekoppelt und ging mit ihrem Abzug verloren. Jedenfalls zerbrach dieser Mythos an den Erkenntnissen der Naturwissenschaft, denn im Jahr 1968 erbrachte eine Analyse das eindeutige Ergebnis: »negativ«.

»Fenster« zum blauen Meer

Das Azure Window erstaunt zunächst durch seine Maße, denn wann hat man schon Gelegenheit, durch ein Fenster von 30 mal 40 Metern zu sehen? Erst auf den zweiten Blick wird man der ästhetischen Qualität der Naturerscheinung gewahr. Ein der Natur und den Elemente so emphatisch verbundener Künstler wie César Manrique hätte, wollte er eine solche Skulptur schaffen, womöglich ein ähnliches Kunstwerk kreiert. Doch selbst modernste Bautechnik müßte vor der Realisation kapitulieren. Der »Fenstersturz«, der vom Gestade herüberkragt, ist schätzungsweise 100 Meter lang und etwa 20 Meter dick. Wenn nicht eine erklärende Sage über die Entstehung des Azure Window Aufschluß gibt (wofür in der legendenreichen Kultur des Maltesischen Archipels viel spricht), so darf angenommen werden, daß hier die Erosion über die Jahrtausende hinweg ihr Werk vollendet hat.

Auf der Felsplatte zu picknicken stellt zwar so etwas wie das Salz in der Suppe dar und ist zudem nicht gefährlicher als an einer Klippe, doch man beraubt sich dabei des schönsten Genusses: des Blicks durch den Bogen.

Der Küstenstreifen am Cap Dwejra hält noch weitere Naturschönheiten parat: submarine Paradiese für Taucher, an Land vorgeschichtliche Fossilien, und auf dem Plateau hinter dem Inland Sea sind rätselhafte Schleifspuren zu sehen.

Wer einen Bogen über den Ort Gharb schlägt, fühlt sich angesichts der stilreinen Barockkirche aus dem 17. Jahrhundert nach Rom an die Piazza Navona versetzt, doch der reizvolle Marktplatz ist ausgesprochen gozitanisch. Aus den Feldern vor Gharb erhebt sich die Wallfahrtskirche Ta' Pinu, die wie ein gigantischer erratischer Steinblock weithin alles überragt. Dort, wo sie heute steht, befand sich früher eine Kapelle, in der einer Bäuerin 1883 die Madonna erschienen sein soll. Angeblich hat diese ihr Flehen erhört und in der Folge auch die Wünsche anderer Bittsteller erfüllt. Die Basilika, die von 1920 bis 1931 errichtet wurde, bezeugt die großzügige Dankbarkeit von Maltesern in aller Welt.

Die gozitanische Landschaft bietet immer wieder Schönheiten, die von der Tourismusbranche begierig aufgegriffen und wie Eigenleistungen vermarktet werden. Der Ort Marsalforn ist nur ein Beispiel dafür. Diese »Destination« wird eines Tages vermutlich die gleichen touristischen Bausünden aufweisen, wie sie an vergleichbaren Plätzen auf der ganzen Welt verbreitet sind. Der kleine Hafen mit den Lokalen der Einheimischen hat seinen eigenen Reiz, und beim Bummel auf der Promenade oder beim Beobachten der Fischer, wie sie ihre Netze und Reusen flicken, vergißt man die Zeit. Wie ein weiter Weg in die Vergangenheit mutet der Spaziergang zu den Salzpfannen an, wo nach urzeitlicher Methode ein so lebenswichtiges Produkt wie Kochsalz allein aus und mit den Mitteln der Natur gewonnen wird: aus Meerwasser, das unter Einfluß des Windes und der Sonnenkraft verdunstet.

Die Ramla Bay mit ihrem feinen goldgelben Sandstrand entzieht sich noch weitgehend dem Massentourismus. An Wochenenden kommen junge Leute von Malta mit Motorbooten hierher, und die »Fremden« dominieren nicht so sehr wie an anderen Stränden.

Die Bucht war vor Zeiten der Ort einer ganz außerordentlichen Gastlichkeit: Die Sehenswürdigkeit Calypso's Cave, eine letztlich kahle Örtlichkeit mit reizvollem Ausblick, zeugt davon. Nach Homers Dichtung verbrachte der schiffbrüchige Odysseus bei der Nymphe Kalypso sieben (vielleicht auch nur fünf) Jahre. Man liest, er sei von ihrem Liebreiz gefesselt gewesen – tatsächlich saß er auf dem schönen Eiland fest. Das Paar hatte zwar einige Kinder, doch in den Armen der Göttin träumte Odysseus von seiner sterblichen Penelope. Die Tage verbrachte er am Strand, wo er sehnsüchtig aufs Meer hinausblickte, dorthin, wo er sein felsiges Ithaka wähnte… So fesselnd die Liebesgeschichte auch sein mag – die Schilderung der Inselnatur ist es nicht minder. Nach Homer wurde die Höhle von einem Dickicht aus Erlen, schwarzen Pappeln und Zypressen geschützt, den Eingang schmückte ein Weinstock. Wir lesen von blühenden Wiesen in der Nähe und von vier klaren Bächen. Der Held fällte, nachdem Zeus ihm auf eine Intervention von Athene die Heimreise gestattete, zwanzig Bäume für ein Floß. Kurz: Homer schildert ein herrliches Naturparadies – Gozo, wie es war, bevor die Punier es seiner Wälder beraubten, um Schiffe aus dem Holz zu zimmern.

Odysseus verließ die Insel auf seiner gebrechlichen Holzkonstruktion (und geriet erneut in Seenot). Der moderne »Odysseus« startet dagegen heute mit dem Hubschrauber vom Heliport in Xewkija – und legt auf Comino einen Zwischenstopp ein, um dort ein wenig zu surfen.

Wo der Kümmel wächst: Comino

Unter den Düften wilder Blumen und Kräuter sticht eindeutig der der Kümmelpflanze hervor. Hier, auf Comino, wächst sie wild und besonders üppig. Kümmelsamen dienen als Naturheilmittel oder Gewürz (spanisch »comino«) und fördern die Gesundheit, indem sie unter anderem die Verdauung anregen; aus diesem Grund werden sie beispielsweise Käse, Brot und Kraut beigegeben. Auch der Kümmelbranntwein soll als vorbeugendes Mittel gegen Koliken eingenommen worden sein – darüber hinaus ist er jedoch auch ein Genuß und fand sogar die Wertschätzung eines in Alkoholika überaus kenntnisreichen Mannes wie Ernest Hemingway. Übrigens bezog noch bis in jüngste Zeit eine norddeutsche Brennerei den würzigen Rohstoff von Comino.

Die Kräutersammler sind längst den Sommerfrischlern und Fitneßjüngern gewichen. Wassersportler und Taucher, Schwimmer und Windsurfer finden an den Küsten der Insel beste Bedingungen vor. Und der Blauen Lagune (Blue Lagoon) zwischen Comino und dem Eiland Cominotto wird gar ein polynesischer Meerescharakter nachgesagt. Von der Wasserqualität und dem Farbenspiel her ist dem hohen Lob nichts hinzuzufügen.

Die lange Inselgeschichte hinterließ nur drei Bauwerke: den massiven Wachturm Comino Tower aus dem 17. Jahrhundert im Südwesten, der die Überfahrt nach Malta vor Piraten sichern sollte, eine Batteriestellung (1715) im Osten und eine kleine Kirche bei der San Niklaw Bay. Ein Polizist und ein Priester vertreten die weltliche und die geistliche Autorität.

Gäste und Besucher werden von zwei Hotels aufgenommen, und da sich die Landmasse gerade nur bis zu 75 Metern über dem Meeresspiegel erhebt, ist sie für Wanderer, Radfahrer und Biker leicht zu erobern. Die Wege führen durch eine felsige, baumlose Wildnis, in der sich die Ritter des Johanniterordens auf der Kaninchenhatz entspannten. Man atmet reine, völlig abgasfreie Luft. Picknickern wird versichert, daß es hier keine Schlangen gebe, jedenfalls keine giftigen: Das letzte bösartige maltesische Reptil schleuderte Paulus ins Feuer.

1939–1945
Im Zweiten Weltkrieg stellt Malta einen »unsinkbaren Flugzeugträger« dar (Churchill) und widersteht den Bombardements der Achsenmächte. Die Bevölkerung erhält das königliche Georgskreuz wegen Tapferkeit; es ist heute Bestandteil der Nationalflagge.

1947
Eine neue Verfassung gewährt die innere Autonomie.

21.9.1964
Die Republik erhält volle Autonomie, Königin Elisabeth II. ist jedoch noch zehn Jahre lang Staatsoberhaupt.

1970
Assoziiertes Mitglied der EG.

1974
Malta wird eine parlamentarische Republik mit eigenem Staatsoberhaupt.

1979
Die letzten britischen Truppen verlassen den Archipel.

1984
Valletta bewährt sich als Konferenzort der blockfreien Mittelmeerländer.

1987
Die Nationalistische Partei (NP) kommt an die Regierung. Eine Änderung der Verfassung sichert trotz knappem Wahlsieg die Mehrheit im Parlament.

1996
Regierungswechsel: Alfred Sant (MLP) löst Eddie Fenech-Adami (NP) als Premierminister ab. Er verfolgt einen strikt neutralen Kurs ohne Bindungen an EU und NATO, um die kulturelle Identität Maltas zu bewahren.

Malta von A bis Z

Angaben zur Statistik

Die Republik Malta – in Malti Repubblika ta'Malta, in Englisch Republic of Malta – besitzt rund 361 000 Einwohner. Die Fläche des Maltesischen Archipels umfaßt 315,6 Quadratkilometer. Auf die Hauptinsel Malta entfallen 245,7 Quadratkilometer, auf Gozo 67,1 und auf Comino 2,8 Quadratkilometer. Die Bevölkerungsdichte beträgt 1144 Menschen pro Quadratkilometer. Die Haupt- und Hafenstadt Valletta zählt nur 9129 Einwohner. Im Einzugsbereich von Valletta liegen die Ortschaften Sliema mit 13 820 Einwohnern, Msida (13 000), Birkirkara (21 550), Floriana (5000), Hamrun (14 000), Qormi (19 700), Paola (12 200) sowie die »drei Städte« Senglea (4900), Cospicua (10 000) und Vittoriosa (4100) und bilden mehr als ein Viertel aller Bewohner des Archipels. 96 Prozent der Bevölkerung sind Malteser, zwei Prozent Briten, entsprechend weisen 99 Prozent die Zugehörigkeit zur katholischen Konfession auf; Protestanten bilden eine spärliche Minderheit.
Die Arbeitslosenquote beträgt etwa 4,5 Prozent. Der ehedem starke Beschäftigungsanteil in der Industrie, heute noch 26 Prozent, sank zugunsten des Dienstleistungssektors, auf den 72 Prozent entfallen, wovon der noch zunehmende Tourismus 33 Prozent auf sich vereint. Die Landwirtschaft begnügt sich dagegen mit nur

zwei Prozent aller hiesigen Beschäftigten.

Anreise

Die Fluglinien verfügen über die schnellsten Verbindungen zum Inselstaat. Luqa Airport ist Maltas zentraler Flughafen, der von 60 Airlines aus aller Welt angeflogen wird. Air Malta fliegt täglich von Frankfurt/Main, dreimal wöchentlich von Berlin-Tegel, Düsseldorf und Hamburg, zweimal wöchentlich von Stuttgart und einmal pro Woche von Dresden und Leipzig. Weitere Flüge werden von Lufthansa, Condor und LTU angeboten. Von Wien fliegt Air Malta fünfmal, von Zürich viermal pro Woche, mit saisonalen Unterschieden.
Eine Reihe von Touristik-Unternehmen bieten Pauschalreisen an, u.a. Kreutzer, Tui, Studiosus.
Autoreisende sind auf die Fährverbindungen von Catania oder Syrakus auf Sizilien angewiesen bzw. von Venedig oder Neapel (Auskunft: Agentur Geuther, Heinrichstraße 9, 60327 Frankfurt/Main, Tel. 069/730475).

Botschaften und Tourismusbüros

In Deutschland:
Botschaft der Republik Malta
Viktoriastraße 1
53173 Bonn-Bad Godesberg
Tel. (0228) 363017
Fax (0228) 363019

In Österreich:
Konsulat von Malta
Hilton-Center Top 1742
Landstrasser Hauptstraße 2
1030 Wien
Tel. (0222) 7141917
Fax (0222) 713436

In der Schweiz:
Generalkonsulat von Malta
2, Parc Château Banquet
1202 Genf
Tel. (022) 7310580
Fax (022) 7391120

Informationsmaterial über Malta erhält man in Deutschland bei:
Fremdenverkehrsamt Malta
Schillerstraße 30–40
60313 Frankfurt am Main
Tel. (069) 285890
Fax (069) 285479

In Österreich bei:
Touristik GmbH
Ernst W. Braun
Hilton-Center Top 1742–1750
Landstrasser Hauptstraße 2
1030 Wien
Tel. (0222) 7149331
Fax (0222) 7134036

In der Schweiz bei:
Air Malta
Flughafen Zürich,
1–216 Terminal B
8058 Zürich
Tel. (01) 8163012
Fax (01) 8163017

Einreise

Für einen Malta-Besuch bis zu drei Monaten ist kein Visum erforderlich. Es genügt ein gültiger Reisepaß oder Personalausweis. Kinder bis 16 Jahren benötigen einen Kinderpaß mit Foto, es sei denn, sie sind im Elternpaß eingetragen.

Essen und Trinken

Die maltesische Küche ist vorwiegend mediterran geprägt mit arabischen, italienischen und englischen Akzenten. Sie wird als rustikal und maritim bezeichnet.
Die Speisen werden generell

nur leicht gesalzen – das mag ein britisches Erbe sein. Herausragend sind die Fischspeisen. Die besten Fischsorten sind »lampuki«, der im September und Oktober gefangen wird, außerdem »cerna« (Barsch), »dott« (Steinbrasse) und »dentici« (Zahnbrasse), um nur einige zu nennen. Die »aljotta«, eine Fischsuppe, wird aus verschiedenen kleinen Fischen, Tomaten, Knoblauch, Zwiebeln und Olivenöl sowie Minze, Majoran und Lorbeer zubereitet. Meeresfrüchte werden in verschiedener Form angeboten, besonders lecker schmecken sie als Salat. Beliebt ist auch Oktopus oder Tintenfisch als Ragout (Stew) mit Tomaten, Zwiebeln und Kapern. Kaninchen (»fenek«) ist fast eine Nationalspeise; es wird zum Beispiel mit Knoblauch und Rotwein gegart. »Bragoli« ist eine Rindsroulade mit pikanter Füllung aus Hackfleisch und Erbsen.

Wie in anderen Mittelmeerländern ist das bodenständige Gemüse eine starke Stütze der Küche. Die maltesische Version der »minestrone« ist die »ministra«. Der Eintopf »kappunata« besteht aus Auberginen, Zucchini, Paprika, Tomaten, Zwiebeln sowie Knoblauch und Kapern, die hier sogar wild wachsen. Geschätzt sind auch Aufläufe, wie zum Beispiel »timpana«, ein mit Nudeln und Fleisch gefüllter Teig, der im Ofen gebacken wird. »Ross il-Forn« ist eine Reispfanne mit Safran, Eiern und Tomaten.

Süße Nachtische sind obligatorisch und schmecken köstlich. An Ostern etwa werden »figolla« gereicht, ein Marzipangebäck in Form christlicher Symbole, wie Lamm, Taube und Fisch, zu Weihnachten gibt es Kringel mit Honig- und Mandelfüllung. Die Malteser nehmen für sich in Anspruch, das beste Brot der Welt zu backen; die Formen und Mischungen sind Legion. Zu allen Mahlzeiten kommt das knusprige Weißbrot auf den Tisch: zu jedem Gericht, jeder Tages- und Festzeit das passende.

Die Winzer bieten Weine in beachtlicher Vielfalt und Quantität an. Die anspruchsvollen Markenweine gehobener Preisklasse brauchen einen internationalen Vergleich nicht zu scheuen. Zu ihnen zählt der Cabernet Sauvignon und der Chardonnay. Populäre Tischweine sind »La Valette« und »Lacryma Vitis«. Von der Marke »Verdala« empfiehlt sich der Rosé oder Blanc de Blanc zum Fisch, der Bianco Secco schafft gute Laune. Wer seinen Sommerdurst mit Bier löschen möchte, wird von den einheimischen Sorten nicht enttäuscht sein. Ein zuverlässiger Durstlöscher ist das heimische alkoholfreie »Kinnie« aus Orangen und Kräutern, das leicht nach Wermut schmeckt. In der Luxusklasse der Restaurants muß man für ein Menü mindestens mit neun LM (etwa 38 DM) rechnen, in der gehobenen Preisklasse etwa mit sieben LM (30 DM), und in der mittleren Preisklasse sind etwa fünf LM (22 DM) zu veranschlagen. Dabei sind Getränke und Trinkgeld nicht mitgerechnet. In einfachen Lokalen bekommt man ein Menü schon ab 3,5 LM (15 DM). Falls das Trinkgeld in der Rechnung inbegriffen ist, gibt man der Bedienung fünf, sonst zehn Prozent der Summe.

Geographie

Der südeuropäische Archipel liegt in der Mitte der Ost-West-Achse des Mittelmeers etwa auf 36° nördlicher Breite und 14° östlicher Länge. Er besteht aus der Hauptinsel Malta und den kleineren Nachbarn Gozo und Comino und erstreckt sich von Nordwest nach Südost über etwa 50 Kilometer Länge. Die Entfernung zur Südostspitze Siziliens beträgt 93, nach Tunis 400 und bis nach München etwa 1350 Kilometer.

Die Inselgruppe ist die höchste Erhebung einer unterseeischen Kalksteinbank, die vor 15 Millionen Jahren als Landbrücke Nordafrika mit Sizilien verband. Die Hauptinsel besteht aus einer bis zu 250 Meter hohen Kalksteinplatte, deren Kante bis zu 200 Meter hohe Kliffs bildet. Das wasserarme Hochplateau wird im wesentlichen von Ebenen mit leichten Erhebungen eingenommen. An der Nord- und Ostküste liegen Buchten mit guten Naturhäfen.

Klima und Reisezeit

Die Jahresdurchschnittstemperatur von 19° Celsius entspricht dem typischen Mittelmeerklima mit trockenen heißen Sommern und milden feuchten Wintern. Die durchschnittliche Maximaltemperatur wird im August mit 40° Celsius erreicht, in Wintermonaten kann das Quecksilber auf 5° Celsius fallen. Die Regenzeit konzentriert sich auf die Wintermonate. Doch trotz der hohen Niederschlagsmengen (Jahresniederschlag: 519 Millimeter) gibt es keine Bäche und Flüsse, da im Kalkboden der Regen versickert. Wasserrückstände, die sich in Kavernen angesammelt haben, werden von Bergleuten für die Versorgung der Bevölkerung und der Landwirtschaft genutzt. Der Trinkwasserverbrauch von rund 160 Millionen Litern täglich ist zunehmend auf die Süßwassergewinnung aus dem Meer angewiesen, die bereits 50 Prozent des Bedarfs deckt.

Die Hauptreisezeit entspricht allgemein den Sommerferien; besonders Briten und Skandinavier nutzen die Sommermonate. Deutsche Reisende bevorzugen dagegen im wesentlichen die Vor- und Nachsaison.

Sport

Wassersport jeglicher Art ist die Domäne des Maltesischen Archipels, aber auch die Sportarten der »Landratten« haben sich eingebürgert. Natürlich kann man auf den sonnendurchglühten, baumlosen und windumtosten Inseln auch wandern und radfahren (Räder kann man oft im Hotel leihen), doch man sollte zuvor seine Kondition befragen. Für Allroundsportler ist der Marsa Sports Club ein Eldorado unterschiedlicher Sportarten. Zu seinen Einrichtungen gehören: Meerwasser-Swimmingpool, Golfplatz, Krickettfeld, Pferderennbahn, Polofeld, 18 Tennisplätze, 5 Squash-Hallen, 2 Billardsäle, Minigolf, ein Fitneßcenter und anderes mehr. Mehrere Fußballplätze tragen der Fußballbegeisterung Maltas Rechnung. Zu den Einrichtungen gehören ein Restaurant und eine klimatisierte Bar. Für eine geringe Gebühr können Urlauber als Mitglied auf Zeit die Anlagen nutzen. Der Klub liegt etwa vier Kilometer südlich von Valletta (Aldo Moro Street, Marsa, Information: Tel. 233851).

Golf: Der Marsa Sports Club besitzt einen gepflegten Golfplatz (18 Löcher, 5091 Meter, Par 68). Er ist Heimstatt des Royal Malta Golf Clubs, der seine Tradition auf das Jahr 1888 zurückführt. Der Platz kann auch von Urlaubsgästen genutzt werden (außer Donnerstag und Samstagvormittags). Golfspielen ist hier übrigens auch im Winter möglich.
Segeln: In den großen Häfen und Fremdenverkehrsorten mit Häfen kann man Jollen und kleine Segelboote mieten. Wer größere Yachten chartern oder mit einer Crew mitsegeln möchte, erhält Auskunft beim Valletta Yachtclub auf der Manoel Island (Marsamxett Harbour, Tel. 33 11 33). Höhepunkt der Segelsaison ist die internationale Mittelmeerregatta, die vom Valletta Yachtclub und dem Royal Ocean Racing Club veranstaltet wird. Wer Malta ansegeln möchte und Auskünfte über Docking benötigt: Yachting Centres Directorate, Msida Marina, Msida MSD08, Tel. 23 57 11/13, Fax 25 03 02, VHF Channel 9 oder 12.
Tauchen: Die Felsküsten mit ihren sauberen Gewässern, ihrer intakten Flora und Temperaturen von mindestens 13° Celsius (auch im Winter) bieten sich geradezu zum Tauchen an. Der Artenreichtum der Fauna ist bemerkenswert. Die Gefahr, daß Raubfische wie Haie Menschen angreifen, wird als äußerst gering bezeichnet. Die Unterwasserjagd ist übrigens streng verboten. Archäologische Funde müssen den Behörden gemeldet werden. Zahlreiche Tauchschulen und Wassersportzentren erteilen Unterricht und verleihen Ausrüstungen. Anfänger benötigen ein Gesundheitszeugnis. Professionelle Auskünfte über Tauchgründe erteilt The Federation of Underwater Activities (P. O. Box 29, Gzira, Malta, Tel. 31 43 48); das Fremdenverkehrsamt Malta verschickt eine Broschüre mit Adressen.
Tennis: Neben dem Marsa Sports Club verfügen viele Hotels der gehobenen Kategorie über Tennisplätze.
Windsurfen: Fast an jedem größeren Strand besteht die Möglichkeit, Surfbretter auszuleihen. Eine Hochburg dieses Sports ist Comino.

Sprache

Die beiden Amtssprachen sind Maltesisch oder Malti und Englisch. Englisch ist die internationale Umgangssprache, die von allen Malteser Schulabsolventen gesprochen wird. Im allgemeinen kann man sich aufgrund der historischen Verbindungen auch mit Italienisch verständigen. Italienisch ist auf dem Vormarsch, was auf die Beliebtheit des Fernsehsenders RAI bei den Insulanern zurückzuführen ist.

Telefon

Die Durchwahl von Deutschland, Österreich und der Schweiz nach Malta ist 00356, gefolgt von der Ortskennzahl ohne die Null. Will man nach Gozo telefonieren, muß man der Durchwahlnummer eine Acht hinzufügen.

Unterkunft

Pauschaltouristen sind durch ihre Buchung der Sorgen entledigt, wohin sie ihr müdes Haupt betten können. Die Kataloge der Touristikunternehmen weisen genügend differenzierte Angebote aus, so daß es an Auswahl in allen gängigen Kategorien nicht mangelt. Alle Vertragshotels der Reiseveranstalter werden professionell geführt, und etwaige Mängel werden ohne Umstände bereinigt. Auch Individualreisende finden leicht eine Unterkunft – ob Luxushotel, Ferienwohnung oder Privatzimmer –, sofern sie nicht in den großen Sommerferien ankommen. Die Suche nach einer Übernachtungsmöglichkeit auf eigene Faust kommt jedoch nicht zwangsläufig preisgünstiger, da die Reiseunternehmen den Hoteliers das Äußerste an Zugeständnissen abverlangen. Eine Novität unter den Offerten, etwa von Feria, sind »Farmhäuser« verschiedener Kategorien. Die renovierten Bauernhäuser besitzen zum Teil auch Swimmingpools und liegen meist in schönen Landstrichen; bei zu abseits gelegenen Idyllen wird ein Auto mitangeboten. Jugendherbergen sind rar; insgesamt stehen nur etwa 80 Betten zur Verfügung. Bezüglich Altersbeschränkungen und Herbergsausweisen bestehen keine Auflagen. Campingplätze gibt es auf den Inseln nicht.

Zahlungsmittel

Landeswährung ist das Malta Pound (LM), Lira genannt. 1 LM mit 100 Cents (c) entspricht etwa 4,20 DM. (Euro-)Schecks können in den Banken eingelöst werden. Im allgemeinen werden die international üblichen Kreditkarten akzeptiert. Die Wechselkurse in den Hotels sind meist etwas ungünstiger als in den Banken.

Zeit

Auf dem gesamten Maltesischen Archipel gilt die mitteleuropäische Zeit.

Personen- und Sachwortverzeichnis

Die **fett** gesetzten Ziffern verweisen auf ausführliche Erwähnungen, die *kursiven* auf Bildlegenden.

Eine Produktion des
Bruckmann-Teams, München

Konzeption (verantwortlich):
Robert Fischer

Lektorat: Robert Fischer, Angelika Franz
Bildredaktion und Bildlegenden:
Robert Fischer

Produktion und Layout:
VerlagsService Dr. Helmut Neuberger &
Karl Schaumann GmbH, Heimstetten

Umschlaggestaltung: Uwe Richter
Herstellung: Peter Schneider

Alle Abbildungen fotografierte Ernst Wrba,
Sulzbach/Taunus, außer S. 31 (AKG, Berlin)

Kartographie der Übersichtskarten:
Elsner & Schichor, Karlsruhe

Alle Angaben dieses Werkes wurden vom Autor sorgfältig recherchiert und auf den aktuellen Stand gebracht sowie vom Verlag auf Stimmigkeit geprüft. Für die Richtigkeit der Angaben kann jedoch keine Haftung übernommen werden. Für Hinweise und Anregungen sind wir jederzeit dankbar. Bitte richten Sie diese an den Bruckmann Verlag, Lektorat, Nymphenburger Straße 86, 80636 München.

Gedruckt auf chlorfrei gebleichtem Papier

Die Deutsche Bibliothek –
CIP-Einheitsaufnahme

Malta / Ernst Wrba ; Paul Otto Schulz. –
München : Bruckmann, 1998
(Bruckmanns Länderporträts)
ISBN 3-7654-2865-5

Gesamtherstellung: Bruckmann,
München
Printed in Germany
ISBN 3-7654-2865-5